Breves cuentos hispanos

tercera edición

Thomas E. Kooreman
Butler University

Olga Muvdi Kooreman
Indianapolis Public Schools

Prentice Hall, Upper Saddle River, New Jersey 07458

Library of Congress Cataloging-in-Publication Data

Breves cuentos hispanos / [edited by] Thomas E. Kooreman, Olga Muvdi
  Kooreman — 3. ed.
    p.   cm
  Includes bibliographical references

ISBN 0-13-577081-5
  1. Spanish language--Readers. 2. Short stories, Spanish. 3. Short
stories, Spanish American. 4. Spanish fiction--20th century.
5. Spanish American fiction--20th century. I. Kooreman, Thomas E.
II. Kooreman, Olga Muvdi
  PC 4117 .B728 1999   99-10576
  468.6'421--dc21   CIP

Previously part of the *Scribner Spanish Series,* by Carlos A. Solé, General Editor,
The University of Texas at Austin.

Editor in Chief: *Rosemary Bradley*
Acquisitions Editor: *Kristine Suárez*
Editorial Assistant: *Nadejda Rozeva*
Executive Marketing Manager: *Ilse Wolfe*
Marketing Coordinator: *Kathryn Sheehan*
Executive Managing Editor: *Ann Marie McCarthy*
Editorial/Production Supervision and
  Interior Design: *Claudia Dukeshire*
Copyeditor: *Luz Garcés-Galante*
Cover Art Director: *Jayne Conte*
Prepress and Manufacturing Buyer:
  Tricia Kenny

This book was set in 10/12 Times Roman by Lithokraft II
and was printed and bound by Courier Companies, Inc.
The cover was printed by Phoenix Color Corp.

© 2000, 1993, 1986 by Prentice-Hall, Inc.
Upper Saddle River, New Jersey 07458

Printed in the United States of America
10 9 8 7 6 5 4 3 2 1

ISBN 0-13-577081-5

Prentice-Hall International (UK) Limited, *London*
Prentice-Hall of Australia Pty. Limited, *Sydney*
Prentice-Hall Canada Inc., *Toronto*
Prentice-Hall Hispanoamericana, S.A., *Mexico*
Prentice-Hall of India Private Limited, *New Delhi*
Prentice-Hall of Japan, Inc., *Tokyo*
Pearson Education Asia Pte. Ltd., *Singapore*
Editora Prentice-Hall do Brasil, Ltda., *Rio de Janeiro*

Contents

Preface

The twelve stories in the third edition of *Breves cuentos hispanos* were selected for their degree of interest, their length and their high literary quality. We believe that they can be used effectively at the intermediate level in college or the advanced level in high school classes. These stories are not easy reading, but they are manageable if students and teachers take advantage of the pedagogical apparatus offered with them. It is our belief that foreign language students must be constantly challenged by authentic new material which forces them to use the knowledge mastered in earlier classes and to reach for the acquisition of new vocabulary, structure and cultural information. Literature, when aided by appropriate exercises, provides an excellent means toward these ends.

We have provided selections that represent many countries in the Hispanic world. Gabriel García Márquez and Manuel Zapata Olivella are Colombians. Their stories, although different in style and theme, place the characters in similar rural environments, a technique which emphasizes the traditional ways and attitudes of the people. Similar popular customs are the material for Mexican writer and journalist Elena Poniatowska, whose keen powers of observation and ironic view of things combine to make a humorous narrative in a popular setting. Also from Mexico are Octavio Paz, Amparo Dávila and José Rubén Romero. Paz's and Dávila's creations are psychological tales narrated by their protagonists. Romero, on the other hand, offers a very simple slice of life reflecting a child's view of things. Jorge Luis Borges, Julio Cortázar, and Enrique Anderson Imbert are all from Argentina. Borges and Cortázar give their readers purely intellectual or philosophical views of life, while Anderson Imbert's short narrative offers acute insight into the ironies of human nature confronted with crisis. Spain is represented by Camilo José Cela, who brings his readers a laugh through his cynical view of human relationships. Cuban novelist and scholar, José Sánchez-Boudy offers his readers a surprise through revealing the double life of a character who meets an unexpected end. Finally, we have included one of our favorite stories, "Walimai" by Isabel Allende, a Chilean writer who recently has gained international popularity. Since Allende's story is much longer than the other eleven stories, we have found a convenient division and prepared this story for two lessons. The story's content is very timely for it awakens the reader to a totally different cultural reality, one far removed both spiritually and materially from modern urban life.

It is our belief that classroom time is best used in active practice with the target language, especially at the intermediate level. Therefore, we have included a rather extensive essay on techniques for reading a foreign language. Our aim is to help students read and comprehend the stories before coming to class. We hope that this approach will make more time available for oral practice based on the pre-reading *Temas de orientación* and the post-reading *Preguntas* and *Discusión y opiniones* exercises. We suggest that some of these questions also be used as topics for written compositions.

Along with *Temas de Orientación, a* vocabulary list with two or three related exercises precedes every story. It is our hope that these exercises will offer the student both a preview of the following story and a sense of confidence while reading it. The exercises titled *Comprensión inmediata* that appear immediately after each story are meant to be used as a quick self-check on reading comprehension. Later exercises, called *Repaso gramatical,* offer a means of reinforcing certain verb tenses and structures that need regular review. The latter have been presented without grammatical explanations, since we believe that the teacher can best decide how much explanation of grammar is needed. These features are supplemented by an end vocabulary and numerous footnotes which offer linguistic help and cultural insight.

In preparing our pedagogical apparatus we have tried to offer variety and flexibility. The book can be easily adapted to the teacher's approach, be it traditional, oral or eclectic. It can be the main textbook in a course or used as a companion to a grammar text or a civilization reader.

Preparation of a textbook is a group effort, and recognition is due to many people for their assistance. We especially wish to thank Rosemary Bradley, Modern Languages Editor-in-Chief for Prentice Hall; her assistant Nadejda Rozeva; Kristine Suárez, Acquisitions Editor; Claudia Dukeshire, Production Editor; and Luz Garcés-Galante, Copy Editor; for their guidance and help throughout the preparation of the third edition. Our thanks go also to our friends and colleagues in the Department of Modern Foreign Languages at Butler University: Linda Willem, Jamise Kafoure, Raymond Hundley, Irving Fine and Florence Jessup, for their timely suggestions. Many others have contributed to the success of this endeavor, especially the authors, heirs and copyright holders who have so graciously given their permission to reproduce the stories included here. If errors have found their way into the text, as they inevitably do, they are ours and we alone bear the responsibility for them.

TEK
OMK

Acknowledgments

To our sons, Harold and Jack

Our thanks go to the authors, agencies, and individuals who so graciously gave their permission to reprint the stories included in this anthology.

Allende, Isabel. "Walimai," in *Cuentos de Eva Luna,* © 1989, by permission of Agencia Literaria Carmen Balcells, Barcelona.

Anderson Imbert, Enrique. "La rosa," in *Obras completas,* © 1965, by permission of the author.

Borges, Jorge Luis. "Los dos reyes y los dos laberintos," Copyright Jorge Luis Borges 1952, first printed in *El aleph,* reprinted with the permission of the Wylie Agency, Inc.

Cela, Camilo José. "Don Elías Neftalí Sánchez, mecanógrafo," in *El gallego y su cuadrilla y otros apuntes carpetovetónicos,* © 1949, by permission of Agencia Literaria Carmen Balcells, Barcelona.

Cortázar, Julio. "Continuidad de los parques," in *Final del juego,* 1956, by permission of Agencia Literaria Carmen Balcells, Barcelona.

Dávila, Amparo. "El huésped," in *Tiempo destrozado y música concreta,* Fondo de Cultura Económica, © 1978, by permission of Fondo de Cultura Económica, México.

Garcia Márquez, Gabriel. "Un día de éstos," in *Los funerales de la Mamá Grande,* © 1962, by permission of Agencia Literaria Carmen Balcells, Barcelona.

Paz, Octavio. "El ramo azul," in *Libertad bajo palabra,* Fondo de Cultura Económica, © 1960, by permission of Marie-José Paz and Fondo de Cultura Económica, México.

Poniatowska, Elena. "Las lavanderas," by permission of the author.

Romero, José Rubén. "Una limosna," in *Cuentos y poemas inéditos,* with study and select bibliography by William O. Cord (México: Studium, 1964), by permission of William O. Cord.

Sánchez-Boudy, José. "El Hombre," in *Cuentos del Hombre,* © 1969, by permission of the author.

Zapata Olivella, Manuel. "Venganza campesina," in *Cuentos de muerte y libertad* (Bogotá: Editorial Iqueima, 1961), by permission of the author.

How to Read a Foreign Language

Reading a foreign language presents the intermediate student with two fundamental problems: learning to infer meaning from a text and developing an efficient method for preparing the reading lesson.

Although most of us do not realize it, inference is the primary way we understand new words as we read in our native language. Normally, we infer meaning unconsciously because the number of new words in our native tongue is relatively small. In a foreign language, however, the presence of new words dramatically increases. Therefore, readers must become more aware of the techniques of inference so that they will not waste their time and energies in the misguided use of vocabulary lists or the dictionary.

Most beginners, upon encountering a new word, rush immediately to their vocabulary, select the first native equivalent given, and promptly write it between the lines of the foreign text. This is precisely the wrong procedure to use if one wishes to read a foreign language with a feeling of accomplishment and pleasure.

If we take proper advantage of the techniques of inference, we will not consider using the vocabulary except as a last resort. To infer meaning as we read simply means to make logical guesses about the meanings of new words. We can make these guesses because the text itself helps us, broadly speaking, in three ways: the general context of the unknown words gives us information as to their meanings; the grammar provides more information; and the words themselves offer many clues if we examine them with care.

Our understanding of the general context is a major guide to the meanings of new words. For example, material preceding or following a new word may explain its meaning, or our own general knowledge of the theme may help us guess its meaning accurately because we already know what the material is about. The following quotation from Dylan Thomas clearly illustrates how meaning is derived from the general context: "If you can call it a story. There's no real beginning or end and there's very little in the middle. It is all about a day's outing, by charabanc, to Porthcawl, which, of course, the charabanc never reached, and it happened when I was so high and much nicer."[1]

Many readers will not recognize the word "charabanc," but there are clues given before and after it that help one infer its meaning. The clause

---

[1] Dylan Thomas, "A Story," *Modern Short Stories,* ed. Arthur Mizener, rev. ed. (New York: W. W. Norton, 1967), p. 129.

preceding the word tells us that the story deals with an outing. An outing implies going somewhere, and indeed, this concept is strengthened by the following prepositional phrase, "to Porthcawl," obviously a destination. The succeeding clause adds strength to this idea by telling us that the charabanc never reached Porthcawl. The reader concludes that a charabanc is something people use on an outing in order to reach a destination; i.e., a vehicle. Although the reader does not know precisely what kind of vehicle it is, he has sufficient information to continue reading uninterruptedly.

In a more subtle way, we infer meaning from the grammar of the material. Professor Freeman Twaddell poses the first two lines of Lewis Carroll's "Jabberwocky" as a vivid example of this technique. "'Twas brillig, and the slithy toves / Did gyre and gimble in the wabe." He points out that "it is highly probable that *toves* and *wabe* are nouns, *gyre* and *gimble* are verbs, *slithy* is an adjective, and *brillig* is either an adjective like 'chilly' or a noun like 'autumn'—all this without any help from the meaning of the words themselves."[2] In such an extreme case we can do little more, however, since all the words are unfamiliar. On the other hand, Professor Twaddell asks us to consider a modification of his original example, which includes only one of Carroll's nonsense words: "'Twas evening, and the eager toves / Did dart and chatter in the sky." "We don't quite know what *toves* are," he explains, "but they are probably some kinds of bats or birds; and probably the next sentence or two will yield enough extra information to reduce the vagueness to one or the other interpretation."[3]

Finally, words themselves offer many clues to their meanings. A person already knows his own language and may have studied other foreign languages. This previous knowledge helps the reader recognize cognates—words that look alike and have the same meaning in both languages. Another clue may come from root words—basic words that are partially hidden by a prefix, suffix, or compound. A random passage from the Spaniard Gustavo Adolfo Bécquer shows examples of both cognates and root words: "Por un momento creyó que una mano fría y descarnada le sujetaba en aquel punto con una fuerza invencible."[4] *Momento* and *invencible* are almost exact cognates, each having only one letter that differs from the English. *Punto* and *fuerza* are less recognizable, but one receives considerable help through pronouncing them aloud. *Sujetaba* faintly resembles the English word "subject."

---

[2] Freeman Twaddell, "Foreign Language Instruction at the Second Level," *Teacher's Manual: Español: Hablar y Leer,* by Gregory G. LaGrone, Andrea Sendón McHenry, and Patricia O'Connor (New York: Holt, Rinehart and Winston, 1963), p. 13.

[3] Ibid., p. 15

[4] Gustavo Adolfo Bécquer, "La Ahorca de Oro," *Spanish Short Stories and Sketches,* ed. William Eade Wilson (New York: Harper & Brothers, 1934), p. 67.

Since the ending -*aba* tells us that *sujetaba* is a verb in the past tense, we think of the English "subjected." The word *descarnada* maybe the least recognizable in the sentence. Yet, if we realize that *des-* is a prefix that gives negative or opposite force to a word and that -*ada* is the ending used for the past participle when it modifies a feminine noun, we may recognize the root word as *carne* (flesh). One concludes that *descarnada* means "bony."

It would be absurd to suggest that all problems of meaning can be solved through inference. The textbook's vocabulary list must and should be consulted frequently. The point is to be discriminating and know when inference can no longer help. The following paragraphs develop a practical plan for preparing your reading lesson. It will help you control both inference and the vocabulary to your best advantage.

A four-step procedure is the most frequently recommended method for preparation of the foreign language reading assignment.[5]

First, read a substantial portion of the assignment as you might read a text in your native language, without looking up any words. If the assignment is not too long, two or three pages, read it all in this way. When you have completed the initial reading, try to define and write down the primary theme or topic of the selection. If you can increase your initial statement of theme with a list of more specific subtopics, do so. This should help orient and direct your more analytical second reading.

Now, reread the assignment carefully. Underline all the unknown words. Guess at their meanings, but not until you have finished reading the sentence in which each appears. This is the point in your preparation where you should use the techniques of inference, outlined in earlier paragraphs.

If guessing the meaning fails, look up the word in the vocabulary and place a dot beside it with your pencil. Do not write its English equivalent between the lines of your text or in the margin. This practice will only divert your concentration from the foreign word, the one you want to learn, and make you constantly depend on the English translation.

As you read, you may discover difficult expressions or phrases that you do not understand, even though you know their individual words. Underline them also because they are probably idioms—expressions with special meanings not readily apparent through the words they comprise. Certain passages of several lines in length also may be wholly or partially unclear. If they are, place a vertical line beside them in the margin of your text.

---

[5] Articles by a number of scholars in the modern languages (Boyd G. Carter, Willis Knapp Jones, William G. Moulton, Donald D. Walsh, and F. R. Whitesell) reflect an almost total consensus as to the efficacy of the method outlined in these paragraphs.

The third step in your preparation is to read the entire assignment again. As you do this, test your recall of the underlined new words. If you cannot remember a word, look it up again and place a second dot by it. If this reading fails to help you decipher the underlined idioms or clarify the passages marked by a vertical line, mark them a second time. When you go to class, ask your teacher to help you with these difficulties. They will already be marked so that you can direct you teacher immediately to the correct page and line.

Finally, turn immediately to the exercises at the end of the selection and write out your answers to the questionnaire. This will set the facts of plot development more firmly in your mind while reinforcing your overall comprehension of the story.

By following this procedure you will help yourself in several beneficial ways. You will have read each assignment at least three times; you will have made a list of your problem words, those bearing more than one dot; difficult idioms will be highlighted in your text by double underlining; unclear passages will be easily found because they carry two vertical lines in the margin; and your answers to the questionnaire will form a brief résumé of the story's plot. Therefore, reviewing for a test will become more efficient because all new and difficult items will be easy to find whereas easier material will have already been read at least three times. Most important of all, you will have directed your study efforts in a systematic and efficient way that produces useful reading skills and a feeling of personal achievement.

1

Una limosna

JOSÉ RUBÉN ROMERO

José Rubén Romero's life (1890–1952) spanned the turbulent years of the Mexican Revolution. Notwithstanding, the author's literary works have little to do with the violence of that period. Romero came from a small town in the state of Michoacán. His father was a storekeeper, and Romero himself spent several years in the same business. Although he was a very literate man who served his country for many years as consul and ambassador, Romero never lost his love for Michoacán and the folksy ways of the provinces. Indeed, it is the memories of those early small-town days that form much of the material for his works.

In general, Romero's prose is humorous; however, there is an underlying tone of irony and cynicism that reflects his concern for the inequities society seems to force on so many. His writings include eight collections of poetry and about nine novels. The latter were all written during his mature years and constitute the works for which he is best known. His masterpiece is La vida inútil de Pito Pérez *(1938), a modern example of the picaresque novel or rogue's tale. Pito Pérez, the town bum, gets to know the seamy side of life as he moves from episode to episode. In spite of artfully deceiving those around him, he cannot avoid becoming the constant victim of a corrupt society and its institutions.*

The selection for this anthology, taken from some of Romero's less known writings, is a simple vignette that depicts an act of innocent generosity. It was probably inspired by a similar event in the author's own childhood.

Antes de leer

Vocabulario

Sustantivos

la limosna   alms
la esquina   corner
la facha   looks, aspect
el mendigante   beggar
la misericordia   mercy
el estribillo   refrain

Adjetivos

quejumbroso(a)   complaining
descarnado(a)   bony
amarrado(a)   tied up,
   wrapped, bandaged
caritativo(a)   charitable

Adverbios

quizá   maybe, perhaps

Verbos

tender   to extend
agradar   to please

Expresiones

conque   so then
empezar a + *inf.*   to start +
   inf.
en tanto que   while
acercarse a   to approach
volver a + *inf*   again
ponerse   to become
poco a poco   little by little
a la vez   at the same time

Complete each sentence with the correct word or words from the preceding list.

a.   Un mendigante se sentaba en _____ donde exclamaba con una
     voz _____, —¡Una limosna, por el amor de Dios!
b.   El mendigante era anciano y no podía caminar porque tenía el
     pie _____.
c.   El pobre _____ a repetir su estribillo: «¡Una _____ por el
     amor de Dios!»
d.   Pepe era un muchacho generoso y _____ que pasó delante del
     anciano.
e.   Pepe oye al pobre y va acercándose _____ al mendigante.
f.   El mendigante le pide limosna y _____ la mano hacia Pepe.
g.   Pepe observaba al anciano y _____ muy serio.
h.   Pepe notaba que el mendigante tenía una triste y miserable

     _____.
i.   Finalmente, Pepe decidió darle al _____ su único centavo.
j.   A Pepe le _____ mucho poder hacer una obra de _____.

From the preceding list, find synonyms for the following words.

a. extender
b. huesoso
c. piedad
d. aspecto
e. atado
f. dádiva
g. gustar
h. pordiosero

Temas de orientación

1. ¿Qué quieren decir las palabras mendigante, pordiosero y limosnero?
2. ¿Alguna vez se ha encontrado Ud. con un limosnero?
3. ¿Cuál fue su reacción frente a su petición?
4. ¿Hay más limosneros en otros países que en los Estados Unidos?
5. ¿Estaría Ud. más dispuesto a darle una limosna a un limosnero en un país extranjero que en su propio país? Explique su respuesta.

Una Limosna

—¡Por amor de Dios…[1] una limosna…! —exclama el viejo con insinuante y quejumbrosa voz dirigiéndose a Pepe que corriendo y gritando sale en esos momentos de casa. —¡Una limosna!

El muchacho se para y poco a poco,[2] con las manos en los bolsillos, va acercándose al pobre anciano, sin dejar de mirarlo,[3] con ojos graves y curiosos, y después le pregunta: —¿Tienes hambre…?[4] ¿No has comido…? Yo voy a comprar dulces con esta moneda que mi padrino me regaló y si vienes conmigo te daré… ¿Vendrás?

El anciano tiende su mano descarnada y vuelve a repetir,[5] —¡Una limosna por amor de Dios!

---

[1] **Por amor de Dios** For the love of God. An expression used by beggars in Spanish-speaking countries when asking for charity.
[2] **poco a poco** little by little

[3] **sin dejar de mirarlo** without failing to look at him
[4] **¿Tienes hambre?** Are you hungry?
[5] **vuelve a repetir** repeats again

—Si vienes te daré dulces que con este centavo compraré y, a la vez, es el único que tengo. Conque, ven. Vamos —dice Pepe al viejo enseñándole su moneda de cobre. Mas después, cual si reflexionase,[6] exclama: —No. Tú estás enfermo. Traes amarrado ese pie y vienes cansado. Espérame aquí que no tardaré en traerte tu parte.

Pepe hace un impulso para emprender la marcha[7] y el sordo y pobre anciano vuelve a repetir:

—¡Una limosna, una limosna!

—¡Ah! —dice Pepe— tal vez el dulce no te agrade o estés enfermo de las muelas. Mamá cuenta que con el dulce duelen. ¿Es cierto?

—Niño, dame una limosna por toda la corte celestial —repite el viejo.

Pepe se pone pensativo,[8] riñendo en su interior rudo combate. Es tan sabroso el dulce, y sobre todo, de los que vende allá, en aquella esquina el tío Paquito. Pero también, ¡es tan miserable la facha del mendigante. Quizá no habrá comido.[9] Por otra parte,[10] recuerda confusamente, que según decía su maestro, es obra de misericordia dar de comer[11] al hambriento.

De pronto[12] pone el centavo en aquella mano flaca y huesosa y arrojando la boina por lo alto,[13] corre juguetón a su casa sintiendo en el interior de su alma una cosa agradable y desconocida, mucho más sabrosa que los dulces del tío Paquito, en tanto que[14] el pobre viejo sigue buscando almas caritativas y repitiendo con voz quejumbrosa e insinuante su invariable estribillo:

—¡Una limosna, una limosna, por el amor de Dios…!

૬✤ఛ✤✦ᏹ✦ᏹ

---

[6] **cual si reflexionase** as if he were meditating

[7] **hace un impulso para emprender la marcha** makes a movement to start walking

[8] **se pone pensativo** becomes pensive

[9] **Quizá no habrá comido.** Maybe he hasn't eaten.

[10] **Por otra parte** On the other hand

[11] **dar de comer** to feed

[12] **De pronto** Suddenly

[13] **por lo alto** upward

[14] **en tanto que** while

Ejercicos

A. Comprensión inmediata

Indicate whether the following statements are true or false according to the story. If a statement is false, explain why and give the correct answer.

1. El anciano le pide al muchacho una limosna.
2. El muchacho no le hace caso y sigue corriendo.
3. El muchacho le pregunta al anciano si tiene sed.
4. El muchacho tiene un centavo solamente.
5. Pepe quiere comprar un lápiz con la moneda.
6. El anciano está muy bien.
7. El anciano oye todo lo que le dice Pepe.
8. Pepe piensa que el anciano está enfermo de las muelas.
9. Dentro de sí Pepe tiene que reñir moralmente.
10. Pepe guardó el centavo en su bolsillo.

B. Cuestionario

1. ¿Qué exclama el viejo?
2. ¿A quién se dirige el viejo?
3. ¿Qué le regaló a Pepe su padrino?
4. ¿Qué piensa hacer el niño con su moneda?
5. ¿A qué invita Pepe al anciano?
6. Cuando el anciano no lo acompaña, ¿qué plan le propone Pepe?
7. ¿Por qué el viejo limosnero no le hace caso a Pepe?
8. ¿Cómo es el dulce que vende el tío Paquito?
9. ¿Qué decía el maestro de Pepe?
10. Finalmente, ¿dónde pone Pepe el centavo?
11. ¿Qué siente Pepe en el interior de su alma?

C. Discusión y opiniones

1. ¿Qué revela el cuento en relación al país de Pepe?
2. ¿Hay limosneros en la ciudad donde Ud. vive? ¿Por qué los hay? ¿Por qué no los hay?
3. ¿Cómo resolvería Ud. el problema de los limosneros?

4. Si Ud. tuviera la misma edad de Pepe, ¿cómo reaccionaría ante
    la misma circunstancia?
5. En su opinión, ¿cuál fue la intención del autor al escribir este
    cuento?

D.   *Repaso gramatical* (ser/estar)

*Complete the sentences with either **ser** or **estar** in the present tense.*

a.   _____ las dos de la tarde cuando Pepe sale de casa.
b.   El anciano _____ enfermo y también _____ sordo por
     naturaleza.
c.   El pobre viejo _____ buscando almas caritativas.
d.   Pepe _____ un buen muchacho.
e.   El centavo _____ de cobre.
f.   El centavo _____ de Pepe.
g.   Ese centavo _____ el único que tiene.
h.   La tienda de dulces _____ en la esquina.
i.   Los dulces de tío Paquito _____ muy sabrosos.
j.   ¿_____ cierto que te duelen las muelas?

2

Los dos reyes y los dos laberintos

JORGE LUIS BORGES

Jorge Luis Borges (1899–1986) has been a primary figure in con-temporary Argentine letters. His work received great acclaim when Latin American fiction gained international attention in the '70s and '80s. Although he wrote extensively in several genres—poetry, essays, and narratives—his short stories won him international fame.

Contrary to the politically committed stand of many Latin American authors, Borges's stories tend to be cosmopolitan and uni-versal in tone and theme. Perhaps this is the natural reflection of having grown up in a home environment that prized the value of intel-lectual activity above all else. For some of his critics, this lifelong emphasis on the mind caused Borges to write with a detachment that leaves his work devoid of feeling. Borges himself said how this sense of detachment once caused an academic colleague to question the lyrical qualities in one of his poems. "What do you mean by publish-ing a poem entitled, 'Embarking on the Study of Anglo-Saxon Grammar'?" the colleague asked. Borges responded that learning Anglo-Saxon was an intimate experience for him, like enjoying a sun-set or falling in love.

Viewing life as a labyrinth whose infinite ironies constantly refute the efforts of humankind to control its own destiny is a basic theme of many Borges stories. The selection included here contrasts two ver-sions of the labyrinth, one human-made and the other, far more terrify-ing, the vast desert. In this story, the human-made labyrinth of the first king is almost reminiscent of the biblical tower of Babel, a challenge to God's supremacy. For this reason, the vengeance of the second king, although cruel and devastating, is justified by the need for God to assert his omnipotence by punishing the impertinent acts of the first ruler.

Antes de leer

Vocabulario

Sustantivos

la simplicidad   simplicity
Dios   God
el anochecer   dusk
Alá   Arabic word for God
la sencillez   simplicity
la declinación   declining movement
el mago   magician, wise man
el varón   man, male

Verbos

implorar   to beg, implore
proferir   to utter
estragar   to ruin, destroy
juzgar   to judge
atar   to tie, fasten
perderse   to become lost
subir   to ascend, go up
desatar   to untie, unfasten
morir   to die

Adjetivos

conveniente   convenient
último(a)   last
primero(a)   first
sutil   subtle
afrentado(a)   affronted, indignant

Expresiones

dar a conocer   to make known
dar con   to find
tener a bien   to see fit to
hacer saber   to inform
el andar del tiempo   the passing of time

Match these synonyms.

con el paso del tiempo
simplicidad
Dios
imploró
la declinación de la tarde
profirieron
daría a conocer

a.   el anochecer
b.   dijeron
c.   encontró
d.   juzgó conveniente
e.   Alá
f.   haría saber
g.   sencillez

dio con
estragó
ha tenido a bien

h.　pidió
i.　con el andar del tiempo
j.　destruyó

From the following list find the antonym for each of these words:
último, bajar, encontrar, atar, salir, ir, vivir, destruir, traer, recibir.

a.　primero
b.　construir
c.　entrar
d.　perder
e.　venir

f.　dar
g.　llevar
h.　subir
i.　desatar
j.　morir

In the text of the story find Spanish equivalents for these words.

1.　architect
2.　labyrinth
3.　perplexing
4.　prudent
5.　scandal
6.　operation
7.　simplicity
8.　fortune

9.　castle
10.　camel
11.　desert
12.　substance
13.　bronze
14.　gallery
15.　glory

Temas de orientación

1.　¿Qué quiere decir *la voluntad de Dios*?
2.　¿Cuál juega un papel más poderoso en la vida de Ud., la voluntad de Dios o la voluntad de Ud.?
3.　¿Hay una diferencia entre las creencias musulmanas y las judeocristianas, respecto a la voluntad de Dios?
4.　¿Ayuda Dios a los buenos y castiga a los malos?
5.　¿Hay personas o ha habido personas en el mundo que se creen más poderosas que Dios? Dé Ud. un ejemplo.

Los dos reyes y los dos laberintos

Cuentan los hombres dignos de fe[1] (pero Alá sabe más)[2] que en los primeros días hubo un rey de las islas de Babilonia que congregó a sus arquitectos y magos y les mandó construir un laberinto tan perplejo y sutil que los varones más prudentes no se aventuraban a entrar, y los que entraban se perdían. Esa obra era un escándalo, porque la confusión y la maravilla son operaciones propias de Dios y no de los hombres. Con el andar del tiempo[3] vino a su corte un rey de los árabes, y el rey de Babilonia (para hacer burla de[4] la simplicidad de su huésped) lo hizo penetrar en el laberinto, donde vagó afrentado y confundido hasta la declinación de la tarde.[5] Entonces imploró socorro divino y dio con la puerta. Sus labios no profirieron queja ninguna, pero le dijo al rey de Babilonia que él en Arabia tenía un laberinto mejor y que, si Dios era servido,[6] se lo daría a conocer[7] algún día. Luego regresó a Arabia, juntó sus capitanes y sus alcaides y estragó los reinos de Babilonia con tan venturosa fortuna[8] que derribó sus castillos, rompió sus gentes e hizo cautivo al mismo rey. Lo amarró encima de un camello veloz y lo llevó al desierto. Cabalgaron tres días, y le dijo: «¡Oh, rey del tiempo y substancia y cifra del siglo!, en Babilonia me quisiste perder en un laberinto de bronce con muchas escaleras, puertas y muros; ahora el Poderoso ha tenido a bien que te muestre el mío, donde no hay escaleras que subir, ni puertas que forzar, ni fatigosas galerías que recorrer, ni muros que te veden el paso».

Luego le desató las ligaduras y lo abandonó en mitad del desierto, donde murió de hambre y de sed. La gloria sea con Aquél que no muere.

---

[1] **dignos de fe** trustworthy

[2] **Alá sabe más** Arabic way of saying "God knows best"

[3] **Con el andar del tiempo** with the elapse of time

[4] **hacer burla de** to make fun of

[5] **la declinación de la tarde** dusk

[6] **si Dios era servido** God willing

[7] **se lo daría a conocer** he would reveal it to him

[8] **con tan venturosa fortuna** with such good luck

Ejercicios

A. Comprensión inmediata

Read each incomplete statement, then select the item that best completes it according to the story.

1. El rey de Babilonia mandó construir _____
    a. un desierto perplejo y sutil.
    b. un palacio para los magos y arquitectos.
    c. un laberinto.
    d. una isla cerca de Babilonia.

2. La confusión y la maravilla son operaciones propias de _____
    a. los hombres.
    b. los varones más prudentes.
    c. los magos.
    d. Dios.

3. Un día _____ vino a la corte del rey de Babilonia.
    a. Alá
    b. un rey de los árabes
    c. un mago
    d. un arquitecto

4. El rey de Babilonia hizo penetrar en el laberinto al rey de los árabes para _____
    a. burlarse de su simplicidad.
    b. descansar.
    c. poder construir un laberinto igual.
    d. dar con la puerta.

5. El rey de los árabes estaba _____ dentro del laberinto.
    a. muy confundido y afrentado
    b. muy agradecido
    c. dormido encima de un camello veloz
    d. quejándose mucho

6. El rey de los árbes dio con la puerta porque _____
    a. el rey de Babilonia se la enseñó.
    b. sus capitanes y alcaides lo ayudaron.
    c. le imploró a Dios que lo ayudara.
    d. le tocó la venturosa fortuna.

7. El rey de Babilonia fue hecho cautivo por _____
   a. el rey árabe.
   b. un camello veloz.
   c. la mano de Dios.
   d. los mismos magos y arquitectos.
8. El rey de los árabes abandonó al rey de Babilonia en _____
   a. un laberinto de bronce.
   b. un desierto de Arabia.
   c. Babilonia.
   d. un laberinto con muchas escaleras, puertas y muros.
9. El laberinto del rey de Babilonia tenía _____
   a. la vastedad del desierto.
   b. muchas puertas, muros y escaleras.
   c. un camello veloz.
   d. forma de un castillo de bronce.
10. Al final, el más poderoso de todos fue _____
    a. el rey de los árabes.
    b. Alá.
    c. la venturosa fortuna.
    d. el rey de Babilonia.

B. Cuestionario

1. ¿Cuántos reyes hay en este cuento y de dónde son?
2. ¿A quiénes congregó el rey de Babilonia?
3. ¿Qué mandó construir el rey de Babilonia?
4. ¿Qué les pasaba a las personas que entraban al laberinto?
5. Con el paso del tiempo, ¿quién vino a la corte del rey de Babilonia?
6. ¿Por qué el rey de Babilonia hizo entrar al laberinto al rey de Arabia?
7. Al salir del laberinto, ¿qué le dijo el rey árabe al rey de Babilonia?
8. Después de regresar a Arabia, ¿qué hizo el rey árabe?
9. ¿Encima de qué amarró el rey árabe al rey de Babilonia?
10. ¿Dónde y cómo murió el rey de Babilonia?
11. De los dos laberintos, ¿cuál era el más terrible? ¿Por qué?

C.   Discusión y opiniones

1.   Describa Ud. el tono que adopta el narrador de este cuento. ¿Quién es el narrador?
2.   ¿Qué clase de hombre era el rey de Babilonia? Examine Ud. los motivos de él al mandar construir el laberinto. ¿Cuáles son?
3.   Describa Ud. cómo el incidente con el rey de Arabia sirve de ejemplo de esos motivos.
4.   ¿Cuál es el papel de Dios (Alá) en este cuento?
5.   ¿Qué opina Ud. de las acciones crueles del rey de Arabia? ¿Son justificadas desde el punto de vista del narrador? ¿Por qué?
6.   Si Ud. fuera el rey de Arabia, ¿cómo respondería Ud. a la actitud del rey de Babilonia?
7.   Imagínese Ud. en un desierto. Describa el lugar donde vive y cómo sería su vida diaria allá.

D.   Repaso gramatical (el pretérito de los verbos regulares)

Rewrite these sentences three times, substituting new subjects. Make sure the italicized verb agrees with the new subject and stays in the preterit tense.

1.   El rey de Babilonia *juntó* a los magos y arquitectos. (tú, yo, ellas)
2.   El rey *mandó* construir un laberinto. (él y yo, los hombres, Uds.)
3.   El rey árabe *recorrió* el laberinto. (Juan y él, tú, la señora)
4.   El rey con los alcaides y capitanes *rompió* a las gentes de Babilonia. (yo, nosotros, los soldados)
5.   El rey árabe *derribó* el reino de Babilonia. (los soldados y yo, la reina, los alcaides)

3

Las lavanderas

ELENA PONIATOWSKA

The writings of Elena Poniatowska occupy a unique place in contemporary Mexican letters. Ever concerned with the struggles of poor people, women and marginalized sectors of society, her work is a mixture of journalistic investigation and fictional elaboration. Poniatowska uses the material generated by contact with individuals and events as the inspiration and framework for her original creations.

Elena Poniatowska was born in France in 1933. Her father was of Polish descent and her mother of a well-to-do Mexican family. Poniatowska was educated in France, Mexico and the United States. She began her journalistic career in 1954 by arranging interviews with prominent cultural and political figures and writing them up for the Mexico City newspaper Excélsior. *After one year with* Excélsior, *she began working for* Novedades, *another Mexico City daily, where she has continued to contribute articles throughout her career.*

The interview format has been significant in her creative work and her critics applaud Poniatowska's use of dialogue as a narrative matrix in her novels and short stories.

Variety of material and the mixing of genres are typical of Poniatowska's writing. Some of her better known works clearly reveal this: Hasta no verte Jesús mío *(1969) is based on the life of a humble Mexican woman whom Poniatowska met at a public laundry.* La noche de Tlatelolco *(1971) deals with a tragic clash in Mexico City in 1968 between protesting students and government troops.* ¡Ay vida, que no me mereces! *(1986) offers studies of contemporary Mexican authors.* La "Flor de Lis" *(1988) recounts the experiences of a wealthy girl growing up in Mexico City in the 1940s and 50s.*

Through her writing, Poniatowska has been a guide toward freedom and fulfillment to women and the forgotten people of society as well as a voice of protest where political corruption and repression are concerned. She has been an informal teacher at home, offering a weekly writers' workshop to facilitate the development of young writers. She has also been lecturer and visiting professor in the University of California system and the Five Colleges in Massachusetts.

The very brief vignette we have included, "Las lavanderas," illustrates some of the basic characteristics of Poniatowska's writing, lively dialogue, colloquial language, and, as María Inés Logos observes: "A compassionate humor and subtle irony."

Antes de leer

Vocabulario

Sustantivos

la lavandera   washerwoman
la almohada   pillow
el jabón   soap
el rostro   face
la mejilla   cheek

Adjetivos

mojado(a)   wet
callado(a)   quiet
redondo(a)   round
bajo(a)   soft, low
encorvado(a)   bent, curved

Verbos

oír   to hear
perder   to lose
subir   to go up
sentir   to feel
agarrar   to seize

Expresiones

a pesar de   in spite of
de pronto   suddenly
como si fueran   as if they were
hace muchos días   many days ago
sin darse cuenta   without realizing it

Using the list above and making the necessary changes, when needed, fill in the space with the appropriate word or idiomatic expression.

a. _____ lava mi ropa una vez por semana.
b. María no habla mucho; siempre está _____.
c. Mi amiga tiene el rostro _____ y las _____ rosadas.

d. La maestra prefiere que los estudiantes hablen en voz _____.
e. Eric habla el español _____ nativo de España.
f. Yo siempre _____ la llave del carro.
g. Habla más alto por favor porque no te _____.
h. Llovió mucho, por eso estoy _____.
i. _____ el calor y el sol, caminamos tres horas.
j. _____ que no vemos a Teresa en la clase.

Match each word in column A with its synonym in column B.

A	B
húmedo	se inflaman
atenuado	reventarse
se hinchan	bajo
estallar	inclinadas
encorvadas	mojado

Temas de orientación

1. ¿Hay lavanderas en su pueblo?
2. En algunos países subdesarrollados las lavanderas que viven en el campo lavan la ropa en la misma agua donde se baña la gente, y beben los animales. ¿Qué opina Ud. de esto, y qué haría si fuera el jefe de la sanidad pública?
3. ¿Qué cree Ud. que las lavanderas hacen cuando están lavando juntas?
4. Le gustaría a Ud. ser lavandero(a)? Explique.

Las lavanderas

En la humedad gris y blanca de la mañana, las lavanderas tallan su ropa. Entre sus manos el mantel se hincha como pan a medio cocer, y de pronto[1] revienta con mil burbujas de agua. Arriba sólo se oye el chapoteo del aire sobre las sábanas mojadas. Y a pesar de[2] los pequeños toldos de lámina, siento como un gran ruido de manantial.

---

[1] **de pronto** suddenly   [2] **a pesar de** in spite of

El motor de los coches que pasan por la calle llega atenuado; jamás sube completamente. La ciudad ha quedado atrás; retrocede, se pierde en el fondo de la memoria.

Las manos se inflaman, van y vienen, calladas; los dedos chatos, las uñas en la piedra, duras como huesos, eternas, como viejas conchas de mar. Plenas de agua, las manos se inclinan, como si fueran a dormirse,[3] a caer sobre la funda de la almohada. Pero no. La terca mirada de doña Otilia las reclama. Las recoge. Allí está el jabón, el pan de a cincuenta centavos,[4] y la jícara morena que hace saltar el agua. Las lavanderas tienen el vientre humedecido de tanto recargarlo, en la piedra porosa y la cintura incrustada de gotas que un buen día[5] estallarán.

A doña Otilia le cuelgan cabellos grises de la nuca, Conchita es la más joven, la piel restirada a reventar sobre mejillas redondas (su rostro es un jardín y hay tantas líneas secretas en su mano) y doña Matilde, la rezongona, a quien «siempre se le amontona la ropa».[6]

—Doña Lupe ¿por qué no había venido?

Doña Lupe deja su bultó en el borde del lavadero.

—De veras,[7] doña Lupe, hace muchos días que no la veíamos[8] por aquí.

Las cuatro hablan quedito. El agua las acompaña. Las cuatro encorvadas sobre su ropa, los codos paralelos, los brazos hermanados…[9]

—Pues, ¿qué le ha pasado Lupita?

Doña Lupe habla con su voz de siempre[10] mientras las jícaras jalan el agua para volverla a echar sobre la piedra, con un ruido seco. Cuenta que su papá se murió (bueno, ya estaba grande),[11] pero era campanero, por allá por Tequisquiapan, y lo quería mucho el señor cura. Y lo querían mucho todos los de Tequisquiapan. Subió a dar las seis[12] como siempre, y así, sin aviso, sin darse cuenta[13] siquiera, la campana lo tumbó de la torre. Y repite, más bajo aún,[14] las manos llenas de espuma blanca:

---

[3] **como si fueran a dormirse** as if they were about to fall asleep

[4] **el pan de cincuenta centavos** the fifty-cent bar

[5] **un buen día** some day, one of these days

[6] **se le amontona la ropa** her clothes pile up

[7] **de veras** really

[8] **hace muchos días que no la veíamos** we haven't seen you for many (several) days

[9] **brazos hermanados** their arms moving in harmony

[10] **su voz de siempre** her usual voice

[11] **bueno, ya estaba grande** well, he was already old

[12] **a dar las seis** to ring the six o'clock bell

[13] **sin darse cuenta** without realizing it

[14] **más bajo aún** in a still softer voice

—Sí. La campana lo mató. Era una esquila, de esas que dan vuelta.

Se quedan las tres mujeres sin movimiento bajo la huida del cielo.[15] Doña Lupe mira un punto fijo:

Entonces, todos los del pueblo agarraron la campana y la metieron a la cárcel.

Arriba el aire chapotea sobre las sábanas.

Ejercicios

A. *Comprensión inmediata*

Read the following incomplete statements and select the answer that best fits the story.

1. El cuento tiene lugar
   a. al mediodía.
   b. en la noche.
   c. en la mañana.
   d. en la tarde.
2. Hacía
   a. tiempo muy agradable.
   b. viento.
   c. un frío exagerado.
   d. mucho sol.
3. En el cuento hay
   a. dos mujeres y un hombre.
   c. tres mujeres y una niña.
   d. cuatro mujeres.
4. Las lavanderas lavaban con
   a. jabón líquido.
   b. jabón en polvo.
   c. hojas de una planta especial.
   d. panes de jabón.

---

[15] **bajo la huida del cielo**   beneath the passing clouds

5. La mujer rezongona era
   a. Matilde.
   b. Otilia.
   c. doña Lupe.
   d. Conchita.
6. Lupita no venía a lavar hacía días porque
   a. estaba enferma.
   b. a ella no le gustaba lavar.
   c. se le había muerto el padre.
   d. estaba de viaje.
7. El padre de doña Lupe era
   a. maestro.
   b. campanero.
   c. carpintero.
   d. piloto.
8. El padre de Lupita murió
   a. en un accidente de tráfico.
   b. porque una esquila lo tumbó de la torre de la iglesia.
   c. porque no sabía nadar en el mar.
   d. a causa de un ataque cardíaco.
9. Los que querían al padre de Lupita eran
   a. solamente las lavanderas.
   b. sus animales domésticos.
   c. todos los habitantes de Tequisquiapan.
   d. sólo los vecinos.
10. Los habitantes de Tequisquiapan se vengaron de la muerte del campanero
    a. encarcelando la esquila.
    b. destruyendo la iglesia.
    c. tirando la esquila a la basura.
    d. encarcelando al cura.

B. Cuestionario

1. Entre las cosas para lavar, ¿qué artículos había?
2. ¿Cómo eran las uñas de las lavanderas y a qué se parecían, según Elena Poniatowska?
3. ¿Cuántas mujeres estaban lavando?
4. ¿Quién era la más joven entre las lavanderas?

5. ¿Cuál de ellas no había venido a lavar hacía muchos días?
6. ¿Por qué no había venido a lavar?
7. ¿Cómo murió el campanero?
8. ¿Qué reacción tuvo la gente ante su muerte?
9. ¿Quién no quería al campanero?
10. ¿Qué hizo la gente con la campana?

C. Discusión y opiniones

1. ¿Cómo le afecta a Ud. la lectura de los dos primeros párrafos del cuento?
2. ¿Qué trata de expresar la autora al decir de Conchita, «su rostro es un jardín y hay tantas líneas secretas en su mano»?
3. ¿Cómo esperaba Ud. que terminara este cuento?
4. En su opinión, ¿por qué metió la gente la campana en la cárcel?
5. Si Ud. tuviera que escribir el final para este cuento, ¿cómo lo terminaría?

D. Repaso gramatical (el presente indicativo de verbos irregulares)

In each space provided write the appropriate form of the present tense of the verbs in parentheses.

1. Las lavanderas _____ miles de burbujas cuando lavan. (reventar)
2. Yo no _____ el chapoteo del aire sobre la ropa. (oír)
3. Por tanto lavar, las lavanderas _____ las manos inflamadas. (sentir)
4. Las lavanderas oyen los carros que _____ y _____ cerca del lugar donde lavan. (ir, venir)
5. Doña Otilia _____ una mirada terca. (tener)
6. El campanero cae de la torre y no _____ a tocar la campana. (volver)
7. Todos los habitantes de Tequisquiapan _____ al campanero. (querer)
8. Yo no _____ lavanderas aquí como en los pueblos de Latinoamérica. (ver)

4

La rosa

ENRIQUE ANDERSON IMBERT

Enrique Anderson Imbert (b. 1910 in Córdoba, Argentina) is normally associated with the group of Argentine writers of short fiction that includes Jorge Luis Borges, Julio Cortázar, Silvina Ocampo, Adolfo Bioy Casares and others whose writings are classified as "fantastic literature." Anderson Imbert is especially adept at the creation of extremely short pieces, consisting, in length, of a few lines or no more than two pages. He calls these short narratives casos, *penetrating moments of insight into the unlimited world of the imagination or the bitter-sweet ironies of the human condition.*

Unlike many writers of fiction, Anderson Imbert is also a teacher and literary critic of renown. He began his professional career in the Argentine university system, then in 1946 came to the United States, where he was professor at the University of Michigan and later at Harvard. His Historia de la literatura hispanoamericana *has gone through several editions, been translated into English, and become a classic among students and scholars of Spanish American literature. Besides the* Historia, *Anderson Imbert is co-editor of one of the more extensive anthologies of Spanish American literature and author of numerous critical books and articles in the field.*

Anderson Imbert's three novels and seven collections of short stories are unique and captivating, first, for the diversity of their content and form and, secondly, for the unexpected reversals of circumstances that regularly surprise their readers.

The selection that follows, "La rosa," reflects two of the qualities, typical of Anderson Imbert's fiction: brevity and surprise. The reader feels mixed emotions upon finishing "La rosa," not knowing whether to laugh or cry over a grandmother's sacrifice and her granddaughter's lust for life.

Antes de leer

Vocabulario

Sustantivos

la cosecha   harvest
la carretilla   small cart, wheelbarrow
el harapo   rag
la colina   hill
la carcajada   outburst of laughter

Verbos

empujar   to push
fingir   to pretend

Adjetivos

querido(a)   dear
borracho(a)   drunk
devastado(a)   devastated, destroyed
apuesto   handsome (for men)
extenuado(a)   weakened
bello(a)   lovely, beautiful

Expresions

cuesta arriba   uphill
poner término a   to put an end to
encajar   to insert
matarse   to wear oneself out
arrancar   to pull off

Match the definition with a word or expression from the list above.

a.   recolección de fruta, grano o verdura
b.   ropa muy vieja
c.   una persona muy apreciada y amada
d.   meter una cosa en otra donde permanece firme
e.   estar muy debilitado por la enfermedad o el trabajo
f.   una cosa destruida
g.   una mujer muy bonita
h.   sacar con violencia algo que está firme en un lugar
i.   pretender ser o sentir algo que no es

_____ arrancar

_____ borracha

_____ empujar

_____ carcajada

_____ matarse

_____ poner término a

_____ devastada

_____ querida

_____ cosecha

j. como está una persona después de
    tomar mucho alcohol   _____ extenuado
k. risa (reír) muy audible, ruidosa _____ encajar
l. poner fin a una cosa   _____ harapo
m. cansarse por trabajar muchísimo _____ bella
n. usar fuerza contra una persona o
    cosa para moverla   _____ fingir

Match each of the following words with its antonym

1. vieja   _____ repulsivo
2. fuerte   _____ espléndido
3. encaja   _____ joven
4. sombrío   _____ extenuada
5. hermoso   _____ arranca

Choose five words from the previous exercise and use each one in a sentence.

Temas de orientación

1. Compare Ud. una aldea con una ciudad.
2. Mencione Ud. todo lo que pueda ocurrir en una guerra.
3. ¿Qué espera uno encontrar dentro de un ataúd?

La rosa

Querido George R. Preedy: Acabo de leer tu cuento «Cosecha de manzanas silvestres». Perdóname, pero yo lo hubiera contado así.

De una aldea devastada por la guerra sale una vieja empujando una carretilla sobre la que[1] hay un rústico ataúd. La rodean soldados, borrachos de vino y de victoria. ¡Si esa mujer fuera un poquito más joven! Carne fresca, hace tiempo que no ven.

---

[1] **sobre la que** on top of which, on which

—¡Eh, abuela, toda tu aldea ha quedado[2] cubierta de cadáveres! ¿Qué de especial tiene éste que llevas para que así te mates[3] empujándolo cuesta arriba?

La vieja explica que va a enterrar a su marido en el cementerio del convento, en lo alto de la colina.[4] Los soldados se burlan:

—¡Ah!, ¿con que[5] estás fuerte todavía?

Un apuesto capitán, para poner término a[6] las burlas de los soldados, que son capaces de cualquier barbaridad, finge también burlarse, encaja una rosa entre los harapos de la vieja y le dice:

—¡Vamos, sigue tu camino, bella mía![7]

Carcajadas por lo de[8] «¡bella mía»!. La vieja sigue, cada vez más extenuada, más enferma. Ahora el cementerio del convento está a la vista.[9] La vieja no tiene más fuerzas que para abrir el ataúd[10] —del que salta una hermosa doncella— y exclama:

—¡Judith, querida, estás a salvo![11] Los soldados ni sospechan que existes. Corre al convento y refúgiate allí. Yo no doy más.[12]

Y cae muerta.

Judith mira el convento —lo único sombrío en esa espléndida tarde—, se inclina sobre el repulsivo cadáver de la abuela, le arranca la rosa, se la pone entre los pechos y baja hacia la aldea pensando en el apuesto capitán a quien ha entrevisto por una rendija del ataúd.

৩৽৽৽৽৽

---

[2] **ha quedado** was left
[3] **¿Qué de especial tiene éste que llevas para que así te mates ...?** What is so special about this one you are taking that you're killing yourself this way ...?
[4] **en lo alto de la colina** on top of the hill
[5] **con que** and so
[6] **poner término a** to put an end to
[7] **bella mía** my lovely lady

[8] **por lo de** on account of
[9] **está a la vista** it's within sight
[10] **no tiene más fuerzas que para abrir el ataúd** she only has just enough strength to open the coffin
[11] **estás a salvo** you are safe
[12] **Yo no doy más** I can't make it any farther.

Ejercicios:

A. Comprensión inmediata

Indicate whether the following statements are true or false according to the story. If a statement is false, explain why and give the correct answer.

1. La aldea de la vieja estaba devastada por un huracán.
2. La vieja empujaba una carretilla que tenía ropa y comida.
3. La vieja llevaba el ataúd al cementerio del convento.
4. El convento quedaba al pie de una colina.
5. Los soldados trataron a la vieja con mucho respeto.
6. El apuesto capitán quería salvar a la vieja de los soldados.
7. La vieja era muy fuerte y podía empujar la carretilla fácilmente.
8. Dentro del ataúd estaba la hija muerta de la vieja.
9. La vieja puso a la nieta en el ataúd para salvarla de los soldados.
10. La nieta estaba muy triste por la muerte de la abuela, y agradecida porque la había salvado de los soldados.

B. Cuestionario

1. ¿En qué época tiene lugar el cuento?
2. ¿Qué empujaba la vieja?
3. ¿Qué había sobre la carretilla?
4. ¿A dónde iba la vieja con el ataúd?
5. ¿Quién ocupaba el ataúd y por qué?
6. ¿Quién ocupaba el ataúd, según les dijo la vieja a los soldados?
7. ¿Cómo se comportaron los soldados con la vieja?
8. ¿Qué hizo el apuesto capitán y por qué?
9. ¿Qué le pasó a la vieja al estar cerca del convento y hablar con su nieta?
10. ¿Qué instrucciones le dió a la nieta?
11. ¿Qué hizo Judith al salir del ataúd?

C. Discusión y opiniones

1. ¿Qué opinión tiene Ud. de la conducta de los soldados en general, en la guerra?
2. ¿Encuentra Ud. algún parecido entre el pueblo en su estado actual y el de la abuela de Judith?
3. Si Ud. fuera Judith cómo reaccionaría ante la muerte de la abuela?
4. ¿Ha vivido Ud. o un amigo suyo en un país donde había guerra? ¿Cuál era su preocupación principal?
5. ¿Cuál es la ironía en este cuento?
6. ¿Esperaba Ud. este final? Explique.

D. Repaso gramatical (los complementos directo e indirecto)

1. Rewrite each sentence, substituting a direct object pronoun for the italicized words.
   a. Este autor dice que hubiera contado *el cuento* de otra manera.
   b. La vieja estaba empujando *la carretilla* cuesta arriba.
   c. El capitán quería parar *las burlas de los soldados*.
   d. La vieja dejó *a los soldados* atrás.
   e. Judith escuchó *las palabras de su abuela*.
2. Rewrite each sentence, substituting an indirect object pronoun for the words in parentheses.
   a. Los soldados preguntan, ¿qué de especial tiene el cadáver que lleva? (a la vieja)
   b. Yo digo que esa carretilla pesa demasiado. (a ti)
   c. El capitán mandó que dejaran de burlarse de la vieja. (a los soldados)
   d. La abuela señaló el refugio del convento. (a Judith)
3. Rewrite each sentence, substituting a direct object pronoun for the italicized words and an indirect object pronoun for the words in parentheses.
   a. La vieja explica *el motivo de su viaje*. (a los soldados)
   b. El capitán da *una rosa*. (a la vieja)
   c. La doncella arranca *la rosa*. (a su abuela)
   d. El autor ha contado *el cuento* a su manera. (a nosotros)

5

Don Elías Neftalí Sánchez, mecanógrafo

CAMILO JOSÉ CELA

Although his critics differ as to the artistic value of his novels, they all agree that Camilo José Cela (b. 1916) is a figure of considerable historical significance in Spanish literature. After the beginning of the Spanish Civil War in 1936, few, if any fictional works appeared in the country until Cela's first novel, La familia de Pascual Duarte, *was published in 1942. It ended the creative inertia of the period and set the tone for post-Civil War Spanish fiction.* Pascual Duarte, La colmena *(1951) and Cela's other novels are characterized as having an abundance of violent acts, depraved characters, and crude language. These elements are seen as not only the guidelines for a neorealistic trend in contemporary Spanish fiction but also as a reflection of the sorry spiritual state of Spain's people after the chaos and suffering of the Civil War.*

Cela was born in Iria Falvia, Galicia. He studied law, medicine, and the liberal arts at the university, but did not obtain a degree in any of these fields. Nevertheless, his great success as a writer has brought him fame and respect and has allowed him to dedicate himself completely to his profession. In 1957 he became the youngest member, at age 41, of the Real Academia Española de la Lengua. *More recently, he has come into prominence on an international scale as winner of the Nobel Prize in Literature in 1989. Cela lives in Palma de Mallorca where he continues his active life as a writer and as editor of his own literary review,* Papeles de Son Armadans.

Besides novels, Cela has been productive in other genres—in fact the travelogue and the short story may bring out the stronger elements of Cela's talent even better than his novels. In his travel books he displays a love for detail and denseness of language whereas in his short stories we see his great talent for capturing a character or a theme through the suggestive power of a bold impressionistic style.

Cela's short stories frequently show a cynical yet mischievous view of human motives and social conventions. In the selection that follows, this tone becomes patently clear. We cannot help but laugh at the author's predicament when he finds himself unable to avoid receiving a visit from his pompous yet well-intentioned friend Don Elías.

Antes de leer

Vocabulario

Sustantivos

el idioma   language
la colcha   bedspread
el mecanógrafo   typist
las cuartillas   copy, pages of manuscript
la criada   maid
la alfombra   carpet
la dicha   happiness, joy
la esquela   obituary

Verbos

asomar   to let be seen
pagar   to pay
dejar   to leave behind
colocar   to put
recordar   to remember
seguir   to continue

Adjetivos

limpio(a)   clean
bigotudo   thickly mustached
melifluo(a)   sweet-tongued
dulce   sweet
meditativo(a)   pensive
errabundo(a)   wandering
vivo(a)   vivid, lively

Expresiones

tener la bondad   please
no sólo ... sino también   not only ... but also
mano sobre mano   without doing anything
a ver   let me see
adivinar   to guess

From the list above choose the correct word or expression that means the same as the underlined words or expressions. Make any necessary changes.

a.   En Francia se habla la <u>lengua</u> francesa.
b.   La <u>sirvienta</u> se sentó en la silla <u>sin hacer nada.</u>
c.   Cuando el <u>vagabundo</u> abandonó al escritor, éste sintió una gran <u>felicidad.</u>

d. Sobre la cama había muchas <u>copias de un manuscrito</u>.
e. El hombre <u>de bigotes grandes</u> entró al dormitorio.
f. La <u>cubierta</u> de la cama no estaba sucia, sino <u>muy bien lavada</u>.
g. El hombre estaba <u>pensativo</u>, y <u>hablaba con palabras dulces</u>.
h. La criada <u>mostró</u> la cabeza por la ventana.
i. La criada le dijo al escritor: «Pase, <u>por favor</u>».

Using the vocabulary list, find the antonyms for each of the following words.

a. laborioso
b. tristeza
c. tedioso
d. parar
e. llevar
f. quitar
g. olvidar
h. sucio
i. establecido
j. ácido

Temas de orientación

1. ¿Quién es su escritor favorito? ¿por qué?
2. Si Ud. fuera escritor(a) sobre qué temas escribiría? ¿Por qué?
3. Describa Ud. a su peor amigo(a) tanto en lo físico como en su conducta.
4. ¿Qué se menciona generalmente en las esquelas?

Don Elías Neftalí Sánchez, mecanógrafo

Don Elías Neftalí Sánchez, en realidad no tan sólo mecanógrafo, sino jefe de negociado de tercera[1] del ministerio de Finanzas de no recuerdo cuál república, estuvo el otro día a verme en casa.

— ¿Está el señor?

— ¿De parte de quién?[2]

— Del señor Elías Neftalí Sánchez, escritor y mecanógrafo.

— Pase, tenga la bondad.[3]

A don Elías lo pasaron al despacho. Yo estaba en la cama copiando a máquina una novela. La máquina estaba colocada sobre

---

[1] **no tan sólo mecanógrafo… de tercera** not only a typist, but also the head of a government bureau of secondary importance

[2] **¿De parte de quién?** Who shall I say you are?

[3] **Pase, tenga la bondad** Come in, please

una mesa de cama, en equilibrio inestable; las cuartillas, extendidas sobre la colcha, y los últimos libros consultados, abiertos sobre las sillas o sobre la alfombra.

Dos golpecitos sobre la puerta.

— Pase.

La criada, con el delantal a la espalda — quizás no estuviera demasiado limpio —, asomó medio cuerpo.

— El señor Elías, señorito;[4] ese que es escritor.[5]

En sus palabras se adivinaba un desprecio absoluto hacia la profesión.

— Que pase.[6]

Al poco tiempo,[7] don Elías Neftalí Sánchez, moreno, bigotudo, amante del orden y de los postulados de la revolución francesa, poeta simbolista — tan simbolista como si fuera duque —, quizá judío, semioriginal y melifluo, se sentaba a los pies de mi cama.

— ¿Conque escribiendo, eh?[8]

— Pues sí; eso parece…[9]

— Algún selecto y exquisito artículo, ¿eh?

— Psché… Regular…[10]

— Alguna deliciosa y alada narración, ¿eh?

— Ya ve…[11]

— Algún encantador poemita, ¿eh?

— Si…, no…

— Algún dulce y emotivo trozo, ¿eh?

— Oiga, don Elías, ¿quiere usted mirar para otro lado, que me voy a levantar?

Me levanté, me vestí, cogí al señor Sánchez de un brazo y nos marchamos a la calle.

— ¡Hombre, amigazo! ¿Nos tomamos dos copas?[12]

— Bueno.

Nos las tomamos.

— ¿Otras dos?

— Bueno.

---

[4] **Señorito** master, young gentleman (title used in Spain)
[5] **ese que es escritor** the one who is a writer
[6] **Que pase** Tell him to come in
[7] **al poco tiempo** in a short time
[8] **conque escribiendo** so you are writing
[9] **eso parece** so it seems
[10] **regular** somewhat
[11] **ya ve…** as you see
[12] **¿Nos tomamos dos copas?** Shall we have a couple of drinks?

Nos las volvimos a tomar. Pagué y salimos a la calle, a dar vueltas por el pueblo como canes abandonados, como meditativos niños errabundos.

— ¿Y usted sigue escribiendo a máquina con un solo dedo?

— Sí, señor. ¿Para qué voy a usar los otros?

Don Elías me informó — ¿cuántas veces llevamos ya,[13] Dios mío? — de las ventajas de un método que él habia inventado para escribir a máquina;[14] me pintó con las más claras luces y los más vivos colores las dichas del progreso y de la civilización; aprovechó la ocasión para echar su cuarto a espadas[15] en pro de[16] los eternos postulados de libertad, igualdad, fraternidad (bien entendidas, claro, porque don Elías — nadie sabe por qué lejano o ignoto escarmiento — tenía la virtud de curarse en sano);[17] siguió hablándome de las virtudes de la alimentación exclusivamente vegetal, de las propiedades de los rayos solares y de la gimnasia sueca para la curación de las enfermedades; de las ganancias que a la humanidad reportaría el empleo del idioma común...

Yo entré en una farmacia a comprar un tubo de pastillas contra el dolor de cabeza.[18]

— ¿Tiene usted jaqueca, mi buen amigo?

— Regular...

— Luego yo le dejo, amigo, que no quiero serle molesto.

Cuando don Elías Neftalí Sánchez, en realidad, no tan sólo mecanógrafo, sino jefe de negociado de tercera del ministerio de Finanzas de no recuerdo cuál república, me abandonó a mis fuerzas,[19] un mundo de esperanzas se abrió ante mis ojos.

Sus últimas palabras, ya mano sobre mano,[20] fueron dignas del bronce.[21]

— ¿Ve usted todos mis títulos? Pues todos los desprecio. Como siempre al despedirme: Elías Neftalí Sánchez, escritor y mecanógrafo, para servirle. Es mi mayor timbre de gloria.[22]

---

[13] **¿Cuántas veces llevamos ya ...?** How many times has he told me that already?

[14] **escribir a máquina** to type

[15] **echar su cuarto a espadas** to give his opinion

[16] **en pro de** in favor of

[17] **curarse en sano** to cure oneself before illness takes a hold

[18] **dolor de cabeza** headache

[19] **me abandonó a mis fuerzas** left me alone

[20] **mano sobre mano** without doing anything

[21] **fueron dignas de bronce** worthy of being engraved in bronze

[22] **es mi mayor timbre de gloria** it's my greatest source of pride

* * *

Cuando volví a mi casa aquella noche, abatido y desazonado, me tiré sobre una butaca y llamé a la criada.

— Si viene don Elías Neftalí Sánchez le dice que me he muerto. ¿Entendido?[23]

— Sí, señorito.

— A ver:[24] repita.

— Si viene don Elías Neftalí Sánchez le digo que se ha muerto usted.

— Eso.[25] No lo olvide, por lo que más quiera.[26]

* * *

Pasaron algunos días, y una mañana vi en el periódico la siguiente esquela:

DON ELÍAS NEFTALÍ SÁNCHEZ
Ha muerto
Descanse en paz.

Así lo quiera el Señor.[27] Descanse en paz don Elías, ahora que los que le sobrevivimos tan en paz hemos quedado.

La vida es una paradoja, como decía don Elías. Una inexplicable paradoja.

⁂

---

[23] **¿Entendido?** Do you understand?
[24] **a ver** let me see
[25] **eso** exactly

[26] **por lo que más quiera** by whatever you love most (no matter what)
[27] **Así lo quiera el Señor** May God see fit to do so (May God's will be done)

Ejercicios

A. Comprensión inmediata

Explain whether the following statements are true or false according to the story. If they are false, explain why and give the correct answer.

1. Cuando don Elías Neftalí Sánchez entró en la casa fue directamente a hablar con el autor de este cuento.
2. El autor estaba en la cama copiando un libro de historia.
3. Don Elías Neftalí Sánchez era mecanógrafo.
4. La criada llevaba un delantal muy limpio.
5. El Sr. Sánchez era moreno y bigotudo.
6. El Sr. Sánchez y el autor salieron a la calle a tomar dos copas.
7. El Sr. Sánchez escribe muy bien a máquina.
8. El autor entró a la farmacia para comprar un chocolate.
9. El autor estaba muy contento con la visita de don Elías y quería verlo todos los días.
10. El autor murió algunos días después de la visita de don Elías.

B. Cuestionario

1. ¿Cuál es la profesión de don Elías?
2. ¿A quién visitó él?
3. ¿Dónde estaba el autor cuando llegó don Elías?
4. ¿Qué hacía el autor cuando llegó don Elías?
5. ¿Estaba contento el autor con la visita del Sr. Sánchez? Explique.
6. ¿Qué hizo don Elías tan pronto como entró al cuarto del autor?
7. ¿Cómo escribe a máquina don Elías y qué inventó?
8. ¿A dónde fueron los dos?
9. ¿Qué quería comprar el autor en la farmacia y por qué?
10. ¿Cómo supo el autor de la muerte de don Elías , y cuál fue su reacción?

C. Discusión y opiniones

1. ¿A quién escogería Ud. como amigo, a don Elías o al autor, o a ninguno? Explique su respuesta.
2. ¿Qué concepto se formó Ud. de don Elías a través de los comentarios del autor?

3. ¿Cómo imagina Ud. al autor a través de sus propios comentarios?
4. ¿Encuentra Ud. alguna ironía en este cuento? Explique.
5. ¿Cómo juzga Ud. la reacción del autor ante la muerte del Sr. Sánchez?
6. ¿Cómo describe Ud. el estilo de Cela en este cuento?

D. *Repaso gramatical*

1. *(el imperativo) Rewrite the following sentences as commands, first in the affirmative, then in the negative, according to the model.*

MODEL: Tú pasas a don Elías al despacho.
        Pásalo, tú.
        No lo pases, tú.

a. Tú lees la esquela.
b. La señora olvida lo que le dice el autor.
c. Ud. siempre repite todo exacto.
d. Don Elías pone todos sus títulos en el despacho.
e. El amigo compra pastillas para la jaqueca.

2. *(el imperfecto del subjuntivo) In each of the following sentences, change the verb to the past subjunctive tense, according to the model.*

MODEL: El autor hacía las copias a máquina.
        (Ella quería que)
        Ella quería que el autor hiciera las copias a máquina.

a. El escritor escribió una narración interesante. (Ellos esperaban que)
b. Don Elías lo dejó en paz. (El autor quería que)
c. La criada repitió las palabras. (El señor mandó que)
d. Don Elías descansó en paz. (El amigo deseó que)
e. El hombre se tiró en una butaca. (Su amigo pidió que)

6

Venganza campesina

MANUEL ZAPATA OLIVELLA

It is impossible to present Manuel Zapata Olivella (b. 1920) as simply a Colombian writer. By profession he is a physician, yet he has found time to make significant contributions in anthropology, the performing arts, fiction, and teaching. Over the years he has shared his talents with friends and students at home and in the United States as visiting professor in various universities.

Some of his early writings are accounts of vagabond travels through the Americas during the 1940s. An interesting book from this period, He visto la noche *(1954), retells his adventures in the United States, especially in the Deep South, where he was shocked and angered by the blatant racial discrimination practiced at that time. Such experiences have undoubtedly contributed to Zapata's unfailing compassion for society's underdogs. The call for justice is always a primary theme in his novels and short stories.*

Along with Zapata's interest in social justice one encounters his anthropologist's interest in the folkways of the common people of Colombia, which are for him the truest manifestation of the cultural amalgam of the Indian, the African, and the Spaniard. This dimension of his work forms the aesthetic base of one of Zapata's more recent novels, Changó, el Gran Putas *(1983). Here, an empirical collective consciousness transcends the limits of time and space, linking the realities of the Americas and Africa in a single Afro-American perception of the New World.*

Although too brief to develop the folkloric aspect of the author's work, the story included in this collection clearly exemplifies his predilection for the underdog's struggle against the selfish use of power. Dionisio Montes, a humble campesino, *finds a subtle yet lethal way to avenge the wrongs wreaked upon his family and friends by an overbearing, self-indulgent landlord.*

Antes de leer

Vocabulario

Sustantivos

el labrador   farmer
la aseveración   affirmation
la risotada   boisterous
  laughter
el picadillo   minced meat
el baúl   trunk, chest
el gamonal   boss, chief
el cobarde   coward
el rancho   thatched hut

Verbos

mosquearse   to become
  angry
vaticinar   to predict
afilar   to sharpen
morar   to dwell
destapar   to take the lid off
deslizar   to slither
mugir   to moo, bellow
croar   to make a croaking
  sound

Adjetivos

comedido(a)   polite; prudent
celoso(a)   jealous
raído(a)   frayed, worn out
desafiante   defiant
descoyuntado(a)   dislocated

Expresiones

enterarse de   to find out
  about
a ciencia cierta   for sure
rumbo a   on the way to
al borde de   on the edge of
las afueras   the outskirts
a lo lejos   in the distance
pedirle cuentas   to settle
  accounts
con tal de que   provided that

Choose the word or expression from the following list that best matches the definition given.

enterarse de
a ciencia cierta
labrador
aseveraciones
mosquearse
risotada

analfabeto
todo el mundo
picadillo
rumbo
baúl

a.   una persona que labra la tierra
b.   afirmaciones
c.   saber de algo

d.   carcajada
e.   maleta muy grande, cofre
f.   no sabe leer ni escribir
g.   carne picada
h.   la mayor parte de la gente
i.   camino que uno se propone seguir
j.   con seguridad
k.   resentirse, enfadarse

Select the noun that relates most logically to each verb.

1. afilar	a. rancho	b. machete	c. máquina	d. baúl
2. croar	a. caballo	b. toro	c. serpiente	d. sapo
3. mugir	a. caballo	b. toro	c. serpiente	d. sapo
4. destapar	a. bolsillo	b. alimento	c. botella	d. sábana
5. morar	a. rancho	b. baúl	c. alimento	d. machete
6. deslizarse	a. caballo	b. toro	c. serpiente	d. sapo

Making necessary changes, complete each sentence with a word or expression from the vocabulary list.

1. Aunque Dionisio era un humilde _____ tenía fama de ser inteligente y _____.
2. El _____ era rico y poderoso y su hijo abusó de la hermana de Dionisio.
3. Todo el mundo _____ que Dionisio se vengaría.
4. Pero Dionisio se sentó, _____ su machete y entró a la selva.
5. Cuando Dionisio volvió de la selva tenía la ropa sucia y _____.
6. Dionisio llevaba una botella que él _____.

Temas de orientación

1. Compare Ud. al campesino latinoamericano con un *farmer* de Norteamérica.
2. En las tierras tropicales de Sudamérica, ¿qué peligros tiene que enfrentar el campesino que vive allí?

3. Si alguien comitiera algún crimen contra Ud., ¿qué medios emplearía Ud. para vindicarse?

4. En su opinión, ¿hay circunstancias que justifican una venganza directa y violenta? Explique su respuesta.

Venganza campesina

Cuando el pueblo se enteró de que Emilio Góngora el hijo del cacique, había consumado su cuarto amancebamiento, raptándose violentamente a la hermana de Dionisio Montes, todo el mundo vaticinó sangre.[1] El padre de Emilio era el patrón, el amo político, la autoridad, la ley. Todo cuanto él o su hijo hicieran[2] en los alrededores de Cotocá, estaba bien hecho y nadie osaba contradecirlo... pero Dionisio Montes, a pesar de ser un analfabeto, tenía fama de inteligente, comedido, y de celoso guardián del buen nombre que su padre, viejo labrador de la región, había dejado al morir. Ahora que el hijo del gamonal se había burlado de su hermana Guadalupe, era fácil adivinar que no se cruzaría de brazos.[3]

En la tarde del rapto, como todo el mundo lo esperaba, afiló su machete, tomó su sombrero y a pasos cortos, saludar a ninguno de los que observaban su recorrido,[4] buscó la salida del pueblo.

—¡Va por el Góngora![5]

—¡Lo hará picadillo!

—Antes de llegar al rancho, los hombres del Góngora le meterán un tiro.[6]

—¡Pobre muchacho! ¡Va derechito al cementerio!

Contra todas las aseveraciones, ante el asombro de quienes lo observaban, al finalizar la calle, tomó rumbo opuesto[7] al que conducía hacia la casa donde Emilio Góngora retenía a su hermana.

---

[1] **todo el mundo vaticinó sangre** everybody predicted a bloody revenge

[2] **Todo cuanto él o su hijo hicieran** Whatever he or his son might do

[3] **no se cruzaría de brazos** he would not remain idle

[4] **saludar a ninguno de los que observaban su recorrido** greeting none of those who observed his march

[5] **¡Va por el Góngora!** He's going after Góngora!

[6] **los hombres del Góngora le meterán un tiro** Góngora's men will shoot him

[7] **al finalizar la calle, tomó rumbo opuesto** when he reached the end of the street, he took the opposite direction

—¡Ni siquiera se ha mosqueado por la ofensa![8]

—¡Es un cobarde!

Siguió la ruta de la selva, allí donde moraba el tigre, donde por las noches se quejaban los zorros y en las mañanas se encontraban huellas de sangre. Por cuatro días sólo se habló del fugitivo sin que nadie supiera a ciencia cierta[9] por qué se había refugiado en la montaña y en qué parte de ella se hallaba. Los supersticiosos decían que había ido a invocar los «mohanes» de la selva, los dioses que mitigaban la venganza y devolvían la paz al espíritu. Otros sospechaban que buscaba la muerte en las garras de alguna fiera, abochornado por la deshonra de la hermana y la imposibilidad de toda venganza.[10]

Una tarde regresó Guadalupe al rancho de su hermano. Sobre su cabeza traía el baúl que le regalara su violador. Le seguía un peón de Emilio Góngora que cargaba en el lomo de un mulo otras prendas en pago de su virginidad: una cama de tijeras y una máquina «Singer».[11]

Días después, cuando ya nadie se acordaba de Dionisio Montes, regresó éste al pueblo. Venía con las ropas raídas, sucias y húmedas. Barbado y silencioso, no era difícil averiguar que su alma se había serenado. Una sonrisa indescriptible, sarcástica y temblorosa, daba a su semblante un extraño rasgo de salvaje orgullo.

—Ya se le olvidó la ofensa —dijeron al verlo saludar a su hermana, aceptar un poco de alimento, afeitarse, cambiar sus ropas y pronto salir a la cantina del pueblo como si nada hubiera ocurrido. Allí se encontraba el Góngora, quien al verlo, hizo desafiante jactancia de sus poderes. Dionisio no se dio por aludido y se juntó a jugar dominó con otros amigos sin dar la menor muestra de hombría.[12]

«Asunto concluido» —debieron pensar ante la resignación del que creyeron capaz de ofrecer su sangre en defensa del honor.[13]

---

[8] **¡Ni siquiera se ha mosqueado por la ofensa!** He hasn't even tried to fight back for the offense!

[9] **a ciencia cierta** for sure

[10] **abochornado por la deshonra de la hermana y la imposibilidad de toda venganza** overcome by his sister's dishonor and by the impossibility of any kind of revenge

[11] **una cama de tijeras y una máquina «Singer»** a folding bed and a "Singer" sewing machine

[12] **Dionisio no se dio por aludido y se juntó a jugar dominó con otros amigos sin dar la menor muestra de hombría** Dionisio didn't take it personally and joined other friends to play dominoes without showing the least sign of offended manliness.

[13] **«Asunto concluido» —debieron pensar ante la resignación del que creyeron capaz de ofrecer su sangre en defensa del honor** "The matter is closed" —they must have thought, in view of the resignation of this man whom they believed capable of offering his blood in defense of honor.

Antes de que oscureciera, Montes abandonó la cantina, dejando en ella a su enemigo que no sabía cómo llenar el espacio con sus risotadas y francos ademanes de amo y señor. Nadie había reparado en la botella que el ofendido campesino llevaba en el bolsillo.

Ensilló su caballo y al caer la noche salió del pueblo. En esta ocasión en vez de tomar el camino de la montaña, dirigió la bestia hacia la casa que tenía el gamonal en las afueras, donde hasta saciarse, encerraba a las muchachas que raptaba. Dionisio sabía que allí iría a dormir esa noche como siempre que se emborrachaba. Se acercó con cautela, a sabiendas[14] de que no encontraría a nadie. Conocedor de las habitaciones, se fue directo a la alcoba y buscó la cama en donde deshonraran a su hermana. Destapó la botella que guardaba cuidadosamente y bajo las sábanas deslizó el contenido.

La noche se sumaba al cansado croar de los sapos, sólo interrumpido cuando presentían que alguna serpiente acechaba su escandalosa serenata. Los ojos del campesino espiaban el camino que venía del pueblo con la paciencia del tigre. Cuando ya desesperaba, escuchó el trote de varios caballos e involuntariamente se mordió la punta de la lengua, presintiendo que su plan estaba al borde del fracaso.[15] Tres jinetes se acercaron a la casa y dos de ellos, haciendo muchos esfuerzos por mantenerse en pie, arrastraron el cuerpo descoyuntado del patrón, Emilio Góngora, abatido por gran dosis de aguardiente. Encendieron la lámpara, acostaron al amo y después, con guapirreos,[16] aguijonearon las bestias rumbo al pueblo.

Montes sonrió. Su corazón le martillaba el pecho como si golpeara sobre un yunque. Ruidos que hasta entonces no había escuchado se insinuaban en todas partes. A lo lejos[17] el mugir de un toro, el chasquido de alguna rama o el vocerío repetido de los sapos con su canto suicida invocando la muerte. Por todas partes veía culebras, hasta las sentía enrollarse en sus propias piernas.

Por fin un grito humano, una voz desesperada, la misma que había estado esperando, se enroscó repetidas veces en torno al rancho. El cacique gritaba sin encontrar otra voz distinta a la suya propia. Se arrastró fuera de la casa, pretendió montar sobre el caballo, pero le faltaron las fuerzas y se desplomó al suelo. El respirar se le hizo sofocado,

---

[14] **a sabiendas** knowingly
[15] **al borde del fracaso** on the brink of disaster

[16] **guapirreos** shouting and uproar
[17] **A lo lejos** In the distance

en la garganta le crecía una mota de algodón.[18] Sus ojos azulencos apenas vislumbraron la silueta de alguien que se le acercaba.

—¡Lléveme pronto al curandero!

La risa seca resonó a pocos pasos:

—Cálmese, patrón, que la muerte viene a pedirle cuentas[19] por toditas las muchachas que usted ha deshonrado... La negra Cata era muy bonita y quería bastante al zurdo Abel, a quien usted mandó a machetear...

—¡Te doy todo el dinero que quieras con tal de que me ayudes a subir al caballo![20]

—No hable que le hace daño. ¿Se acuerda patroncito, de la negra Lorenza? Se murió porque usted la hizo abortar, pues no quería tener un hijo de ella.

—¡Tengo la lengua pesada... no... por Dios Santo![21]

—Déjese de invocar al Altísimo ahorita, a lo mejor está ocupado oyendo lo que le cuenta de usted Betsabé.[22] Dígame, ¿fue usted mismito quien la mató porque no se le quiso entregar a las buenas?[23] Sepa que no estoy enojado por lo de Guadalupe,[24] ella me dijo que lo quería, pero...

—Yo te doy toda la plata que...

—No hable, se lo estoy diciendo, patrón. ¿No ve que le duele la mordedura? De esa culebra no se salva nadie porque es mapaná «rabo seco».[25] Me costó mucha dificultad encontrarla porque ya se van escaseando.[26] ¡Es de la misma marca de la que mató a don Venancio, el padre de la tuerta Francisca, de la que usted abusó la noche misma que lo velaban!

[18] **El respirar se le hizo sofocado, en la garganta le crecía una mota de algodón.** His breathing was labored, in his throat a ball of cotton was growing.

[19] **la muerte viene a pedirle cuentas** death is coming to settle accounts

[20] **con tal de que me ayudes a subir al caballo** provided that you help me mount the horse

[21] **por Dios Santo** for God's sake

[22] **Déjese de invocar al Altísimo ahorita, a lo mejor está ocupado oyendo lo que le cuenta de usted Betsabé** Stop calling on the Lord right now, maybe He's busy hearing what Betsabé is telling Him about you.

[23] **porque no se le quiso entregar a las buenas** because she refused to give in to your advances voluntarily

[24] **Sepa que no estoy enojado por lo de Guadalupe** I want you to know that I am not angry about what you did to Guadalupe

[25] **mapaná «rabo seco»** a very poisonous South American snake called the bushmaster or fer-de-lance

[26] **se van escaseando** they are getting scarce

Ejercicios

A. Comprensión inmediata

Indicate whether the following statements are true or false according to the story. If a statement is false, explain why and give the correct answer.

1. El padre de Dionisio Montes era el patrón, el amo político, la autoridad y la ley de Cotocá.
2. Dionisio Montes era inteligente y comedido.
3. Emilio había raptado a Guadalupe.
4. En la tarde del rapto Dionisio fue a la cantina a jugar dominó con Emilio.
5. Todos sabían por qué Dionisio se había ido a la selva.
6. Todos habían reparado en la botella que Dionisio llevaba en el bolsillo.
7. Dionisio entró a la casa de Emilio y deslizó el contenido de la botella entre las sábanas de la cama.
8. Emilio llegó a su casa borracho.
9. Emilio gritó porque Dionisio lo macheteó.
10. Dionisio quería que Emilio muriera porque Emilio se emborrachaba mucho.

B. Cuestionario

1. ¿Qué hizo Emilio Góngora?
2. Cuando los Góngora hacían algo malo, ¿por qué nadie se quejaba?
3. ¿Por qué esperaba la gente que Dionisio se vengara de Emilio?
4. ¿Qué hizo Dionisio la tarde del rapto?
5. ¿Qué pensó la gente al ver a Dionisio dirigirse hacia la selva?
6. ¿Cuánto tiempo tardó Dionisio en la selva?
7. ¿Qué creyó la gente que Dionisio hacía en la selva?
8. ¿Qué le dio Emilio a Guadalupe en pago de su virginidad?
9. ¿De qué se jactaba el Góngora en la cantina?
10. ¿A dónde dirigió su bestia Dionisio al abandonar la cantina?
11. Estando tan borracho, ¿cómo llegó Emilio a su casa?

12. ¿Cómo se vengó Dionisio de Emilio?
13. Cuando Dionisio estaba en la cantina, ¿dónde tenía la culebra?
14. ¿Cuándo violó Emilio a Francisca?

C. *Discusión y opiniones*

1. En este cuento, ¿qué observa Ud. en cuanto a la situación política y social en algunos pueblos apartados?
2. ¿Por qué cree Ud. que Dionisio prefirió matar a su enemigo usando una culebra venenosa en vez de un machete?
3. Dionisio puso la culebra bajo las sábanas. ¿Cómo es posible que los hombres que acostaron a Emilio en la cama no vieran la culebra?
4. Dionisio le dijo a Emilio que no estaba enojado por lo de Guadalupe porque ella quería a Emilio. ¿Por qué entonces quería Dionisio matar a Emilio?

D. *Repaso gramatical* (por/para)

*Refer to the text of the story and complete each sentence with the correct use of **por** or **para**.*

a. Todos en el pueblo pensaron que Dionisio había afilado su machete _____ matar a Emilio.
b. Dionisio salió _____ la selva.
c. _____ cuatro días sólo se habló del fugitivo.
d. Sospechaban que Dionisio buscaba la muerte, abochornado _____ la deshonra de su hermana.
e. El cuerpo de Emilio Góngora estaba abatido _____ gran dosis de aguardiente.
f. Muchos en el pueblo trabajaban _____ los Góngora.
g. La muerte viene a pedirle cuentas _____ toditas las muchachas que Ud. ha deshonrado.
h. El baúl y la máquina «Singer» eran _____ Guadalupe.
i. Dionisio no estaba enojado _____ lo de Guadalupe.
j. El hermano de Guadalupe planeó la venganza _____ cuando fuera posible.
k. Dos de los jinetes hicieron muchos esfuerzos _____ mantenerse en pie.
l. Muchos que lo vieron dijeron: «¡Va _____ el Góngora!»

7

El huésped

AMPARO DÁVILA

Amparo Dávila, one of the most important women writers in Mexico today, was born in 1928 and began to write poetry when she was 8 years old. In the early 1950s three collections of her poems were published, but she soon turned to the short story, which has become the primary genre of her mature years.

Dávila's critics classify her stories as psychological and imaginative, often dealing with individuals in conflict with their own fears. Perhaps this dimension of her creation stems in part from the poor health and loneliness she endured during her childhood in Pinos, a provincial town of central Mexico, which she describes as "a frigid old mining town of Zacatecas with a past of gold and silver and a present of ruin and desolation."

Although Dávila's stories depend little on local color or geographical setting, occasional glimpses of provincial backwardness do appear—such as the use of oil lamps and the remote location of the woman's town in the story appearing in this anthology, "El huésped." This tale comes from Dávila's first published collection of short stories, Tiempo destrozado *(1959). Since that time she has added two more collections,* Música concreta *(1964) and* Árboles petrificados *(1977). The latter was awarded the Villaurrutia Prize for the short story in Mexico in 1977. It continues her emphasis on psychological themes that open the door to a mixing of fantasy with real-life experience.*

In the selection at hand, "El huésped," Dávila cleverly blends these three elements in a tale told by an unhappy housewife whose humdrum routine is turned into frenzied anguish by the presence of a guest, el huésped, *introduced into the household by her distant and unfeeling husband.*

Antes de leer

Vocabulario

Sustantivos

la desdicha   misfortune
la desconfianza   mistrust
el pavor   terror
el/la huérfano(a)   orphan
la madrugada   dawn
la estufa   stove
la pieza   room
el corredor   hall
la casona   big house
el afecto   love, affection
el/la pequeño(a)   small child

Verbos

descubrir   to discover
reprimir   to repress
desaparecer   to disappear
agotarse   to become
   exhausted

Adjetivos

inofensivo(a)   harmless
inconveniente   inconvenient
desocupado(a)   unoccupied
intranquilo(a)   restless
penetrante   penetrating
distante   distant
lúgubre   gloomy
húmedo(a)   humid

Adverbios

desafortunadamente
   unfortunately
mientras   while

Find the antonym imbedded in each of the following words as in the model.

MODEL: desaparece   →   aparece

a. desdicha
b. desconfianza
c. inofensivo
d. inconveniente
e. desocupado
f. descubrir
g. desafortunadamente
h. intranquilo

Choose the person from the following list which best fits each sentence.

la esposa, el marido, la sirvienta, los niños, el huésped

1. Arreglaba la casa y salía a comprar el mandado.
2. Es completamente inofensivo. Te acostumbrarás a su compañía.
3. Llegaba bien tarde. Que tenía mucho trabajo, dijo. Creo que otras cosas también lo entretenían.
4. Dormían tranquilamente.
5. Era la encargada de llevarle la bandeja.
6. Pensé entonces en huir de aquella casa, de mi marido, de él.

Making necessary changes, find appropriate words in the vocabulary to complete the following sentences.

1. Ella no pudo _____ un grito de horror.
2. El cuarto del huésped era una _____ grande y húmeda.
3. La sirvienta también sentía _____ del huésped.
4. Los niños buscaban gusanos _____ la mujer regaba las plantas.
5. A veces la sombra del huésped se proyectaba sobre la _____ en la cocina.
6. El huésped tenía la mirada fija y _____.
7. La mujer se sentía tan sola como un _____.

Temas de orientación

1. En el matrimonio, ¿cuáles son los elementos más importantes para crear una relación sana y duradera?
2. A pesar de no existir el afecto y la comunicación en un matrimonio fracasado, ¿por qué no se separa, a veces, la mujer de su marido?
3. ¿Por qué es más común tener sirvientes en casa en Latinoamérica que en los Estados Unidos?
4. Cuando hay sirvientes que viven en la casa, ¿qué clase de relación puede existir entre ellos y la familia?

❦❧❦❧❦❧❦❧❦❧

El huésped

Nunca olvidaré el día en que vino a vivir con nosotros. Mi marido lo trajo al regreso de un viaje.

Llevábamos entonces cerca de tres años de matrimonio,[1] teníamos dos niños y yo no era feliz. Representaba para mi marido algo así como un mueble,[2] que se acostumbra uno a ver en determinado sitio, pero que no causa la menor impresión. Vivíamos en un pueblo pequeño, incomunicado y distante de la ciudad. Un pueblo casi muerto o a punto de desaparecer.

No pude reprimir un grito de horror, cuando lo vi por primera vez. Era lúgubre, siniestro. Con grandes ojos amarillentos, casi redondos y sin parpadeo, que parecían penetrar a través de las cosas y de las personas.

Mi vida desdichada se convirtió en un infierno. La misma noche de su llegada supliqué a mi marido que no me condenara a la tortura de su compañía. No podía resistirlo; me inspiraba desconfianza y horror. «Es completamente inofensivo» — dijo mi marido mirándome con marcada indiferencia. «Te acostumbrarás a su compañía y, si no lo consigues...[3]» No hubo manera de convencerlo de que se lo llevara. Se quedó en nuestra casa.

No fui la única en sufrir con su presencia. Todos los de la casa[4]— mis niños, la mujer que me ayudaba en los quehaceres, su hijito — sentíamos pavor de él. Sólo mi marido gozaba teniéndolo allí.

Desde el primer día mi marido le asignó el cuarto de la esquina. Era ésta una pieza grande, pero húmeda y oscura. Por esos inconvenientes yo nunca la ocupaba. Sin embargo él pareció sentirse contento con la habitación. Como era bastante oscura, se acomodaba a sus necesidades.[5] Dormía hasta el oscurecer y nunca supe a qué hora se acostaba.

Perdí la poca paz de que gozaba en la casona. Durante el día, todo marchaba con aparente normalidad, yo me levantaba siempre muy

---

[1] **Llevábamos entonces cerca de tres años de matrimonio** We had been married for about three years then

[2] **algo así como un mueble** something like a piece of furniture

[3] **y, si no lo consigues** and if you can't manage

[4] **Todos los de la casa** All the members of the household

[5] **se acomodaba a sus necesidades** it suited his needs

temprano, vestía a los niños que ya estaban despiertos, les daba el desayuno y los entretenía mientras Guadalupe arreglaba la casa y salía a comprar el mandado.

La casa era muy grande, con un jardín en el centro y los cuartos distribuidos a su alrededor. Entre las piezas y el jardín había corredores que protegían las habitaciones del rigor de las lluvias y del viento que eran frecuentes. Tener arreglada una casa tan grande y cuidado el jardín, mi diaria ocupación de la mañana, era tarea dura. Pero yo amaba mi jardín. Los corredores estaban cubiertos por enredaderas que floreaban casi todo el año. Recuerdo cuánto me gustaba, por las tardes, sentarme en uno de aquellos corredores a coser la ropa de los niños, entre el perfume de las madreselvas y de las bugambilias. En el jardín cultivaba crisantemos, pensamientos, violetas de los Alpes, begonias y heliotropos. Mientras yo regaba las plantas, los niños se entretenían buscando gusanos entre las hojas. A veces pasaban horas, callados y muy atentos, tratando de coger las gotas de agua que se escapaban de la vieja manguera.

Yo no podía dejar de mirar, de vez en cuando,[6] hacia el cuarto de la esquina. Aunque pasaba todo el día durmiendo no podía confiarme. Hubo veces que, cuando estaba preparando la comida, veía de pronto su sombra proyectándose sobre la estufa de leña. Lo sentía detrás de mí... yo arrojaba al suelo lo que tenía en las manos y salía de la cocina corriendo y gritando como una loca. El volvía nuevamente a su cuarto, como si nada hubiera pasado.[7]

Creo que ignoraba por completo a Guadalupe, nunca se acercaba a ella ni la perseguía. No así a los niños y a mí. A ellos los odiaba y a mí me acechaba siempre.

Cuando salía de su cuarto comenzaba la más terrible pesadilla que alguien pueda vivir. Se situaba siempre en un pequeño cenador, enfrente de la puerta de mi cuarto. Yo no salía más. Algunas veces, pensando que aún dormía, yo iba hacia la cocina por la merienda de los niños, de pronto lo descubría en algún oscuro rincón del corredor, bajo las enredaderas. «¡Allí está ya, Guadalupe!» gritaba desesperada.

Guadalupe y yo nunca lo nombrábamos, nos parecía que al hacerlo cobraba realidad aquel ser tenebroso.[8] Siempre decíamos: —allí está, ya salió, está durmiendo, él, él, él...

Solamente hacía dos comidas,[9] una cuando se levantaba al anochecer y otra, tal vez, en la madrugada antes de acostarse. Guadalupe era la encargada de llevarle la bandeja, puedo asegurar que la arrojaba dentro del cuarto pues la pobre mujer sufría el mismo terror que yo. Toda su alimentación se reducía a carne, no probaba nada más.

Cuando los niños se dormían, Guadalupe me llevaba la cena al cuarto. Yo no podía dejarlos solos, sabiendo que se había levantado o estaba por hacerlo.[10] Una vez terminadas sus tareas,[11] Guadalupe se iba con su pequeño a dormir y yo me quedaba sola, contemplando el sueño de mis hijos. Como la puerta de mi cuarto quedaba siempre abierta, no me atrevía a acostarme, temiendo que en cualquier momento pudiera entrar y atacarnos. Y no era posible cerrarla; mi marido llegaba siempre tarde y al no encontrarla abierta habría pensado... Y llegaba bien tarde.[12] Que tenía mucho trabajo, dijo alguna vez. Pienso que otras cosas también lo entretenían...

Una noche estuve despierta hasta cerca de las dos de la mañana, oyéndolo afuera... Cuando desperté, lo vi junto a mi cama, mirándome con su mirada fija, penetrante... Salté de la cama y le arrojé la lámpara de gasolina que dejaba encendida toda la noche. No había luz eléctrica en aquel pueblo y no hubiera soportado quedarme a oscuras,[13] sabiendo que en cualquier momento... Él se libró del golpe y salió de la pieza. La lámpara se estrelló en el piso de ladrillo y la gasolina se inflamó rápidamente. De no haber sido por Guadalupe[14] que acudió a mis gritos, habría ardido toda la casa.

Mi marido no tenía tiempo para escucharme ni le importaba lo que sucediera en la casa. Sólo hablábamos lo indispensable. Entre nosotros, desde hacía tiempo el afecto y las palabras se habían agotado.

---

[8] **Guadalupe y yo nunca lo nombrábamos, nos parecía que al hacerlo cobraba realidad aquel ser tenebroso.** Guadalupe and I never called it by name, it seemed to us that doing so increased the presence of that sinister being.

[9] **Solamente hacía dos comidas** He only ate twice a day

[10] **estaba por hacerlo** was about to do so

[11] **Una vez terminadas sus tareas** Once her chores were done

[12] **bien tarde** very late

[13] **quedarme a oscuras** remaining in the dark

[14] **De no haber sido por Guadalupe** Had it not been for Guadalupe

Vuelvo a sentirme enferma cuando recuerdo ...[15] Guadalupe había salido a la compra[16] y dejó al pequeño Martín dormido en un cajón donde lo acostaba durante el día. Fui a verlo varias veces, dormía tranquilo. Era cerca del mediodía. Estaba peinando a mis niños cuando oí el llanto del pequeño mezclado con extraños gritos. Cuando llegué al cuarto lo encontré golpeando cruelmente al niño. Aún no sabría explicar cómo le quité al pequeño y cómo me lancé contra él con una tranca que encontré a la mano,[17] y lo ataqué con toda la furia contenida por tanto tiempo. No sé si llegué a causarle mucho daño, pues caí sin sentido.[18] Cuando Guadalupe volvió del mandado, me encontró desmayada y a su pequeño lleno de golpes y de araños que sangraban. El dolor y el coraje que sintió fueron terribles. Afortunadamente el niño no murió y se recuperó pronto.

Temí que Guadalupe se fuera y me dejara sola. Si no lo hizo, fue porque era una mujer noble y valiente que sentía gran afecto por los niños y por mí. Pero ese día nació en ella un odio que clamaba venganza.

Cuando conté lo que había pasado a mi marido, le exigí que se lo llevara, alegando que podía matar a nuestros niños como trató de hacerlo con el pequeño Martín. «Cada día estás más histérica, es realmente doloroso y deprimente contemplarte así ...[19] te he explicado mil veces que es un ser inofensivo».

Pensé entonces en huir de aquella casa, de mi marido, de él... Pero no tenía dinero y los medios de comunicación eran difíciles. Sin amigos ni parientes a quienes recurrir, me sentía tan sola como un huérfano.[20]

Mis niños estaban atemorizados, ya no querían jugar en el jardín y no se separaban de mi lado.[21] Cuando Guadalupe salía al mercado, me encerraba con ellos en mi cuarto.

—Esta situación no puede continuar —le dije un día a Guadalupe.

—Tendremos que hacer algo y pronto —me contestó.

—¿Pero qué podemos hacer las dos solas?

—Solas, es verdad, pero con un odio...

Sus ojos tenían un brillo extraño. Sentí miedo y alegría.

---

[15] **Vuelvo a sentirme enferma cuando recuerdo** I feel sick again when I remember

[16] **Guadalupe había salido a la compra** Guadalupe had gone shopping

[17] **a la mano** at hand

[18] **pues caí sin sentido** for I fell unconscious

[19] **es realmente doloroso y deprimente contemplarte así** it's really painful and depressing to see you like this

[20] **tan sola como un huérfano** as lonely as an orphan

[21] **no se separaban de mi lado** they wouldn't leave my side

La oportunidad llegó cuando menos la esperábamos. Mi marido partió para la ciudad a arreglar unos negocios. Tardaría en regresar, según me dijo, unos veinte días.

No sé si él se enteró de que mi marido se había marchado, pero ese día despertó antes de lo acostumbrado[22] y se situó frente a mi cuarto. Guadalupe y su niño durmieron en mi cuarto y por primera vez pude cerrar la puerta.

Guadalupe y yo pasamos casi toda la noche haciendo planes. Los niños dormían tranquilamente. De cuando en cuando[23] oíamos que llegaba hasta la puerta del cuarto y la golpeaba con furia…

Al día siguiente dimos de desayunar a los tres niños[24] y, para estar tranquilas y que no nos estorbaran en nuestros planes, los encerramos en mi cuarto. Guadalupe y yo teníamos muchas cosas por hacer y tanta prisa en realizarlas que no podíamos perder tiempo ni en comer.

Guadalupe cortó varias tablas, grandes y resistentes, mientras yo buscaba martillo y clavos. Cuando todo estuvo listo, llegamos sin hacer ruido hasta el cuarto de la esquina, Las hojas de la puerta estaban entornadas. Conteniendo la respiración, bajamos los pasadores, después cerramos la puerta con llave[25] y comenzamos a clavar las tablas hasta clausurarla totalmente. Mientras trabajábamos, gruesas gotas de sudor nos corrían por la frente. No hizo entonces ruido, parecía que estaba durmiendo profundamente. Cuando todo estuvo terminado, Guadalupe y yo nos abrazamos llorando.

Los días que siguieron fueron espantosos. Vivió muchos días sin aire, sin luz, sin alimento... Al principio golpeaba la puerta, tirándose contra ella, gritaba desesperado, arañaba... Ni Guadalupe ni yo podíamos comer ni dormir, ¡eran terribles los gritos...¡ A veces pensábamos que mi marido regresaría antes de que hubiera muerto. ¡Si lo encontrara así…! Su resistencia fue mucha, creo que vivió cerca de dos semanas...

Un día ya no se oyó ningún ruido. Ni un lamento... Sin embargo, esperamos dos días más, antes de abrir el cuarto.

Cuando mi marido regresó, lo recibimos con la noticia de su muerte repentina y desconcertante.

ୢୄ୭ଽ୷ୄ୭ଽ୶ୄୢ୷ୄଽ

---

[22] **antes de lo acostumbrado** earlier than usual

[23] **De cuando en cuando** From time to time

[24] **dimos de desayunar a los tres niños** we gave breakfast to the three children

[25] **cerramos la puerta con llave** we locked the door

'Ejercicios'

A. Comprensión inmediata

Read the following incomplete statements. Select the answer that best fits the story.

1. La mujer vivía
   a. sola.
   b. amargando a los vecinos.
   c. con su esposo e hijos.
   d. con su familia, su criada y el hijo de la criada.
2. La casa donde vivía la mujer
   a. estaba en un pueblo grande e importante.
   b. era demasiado pequeña para la familia.
   c. era muy grande y con un jardín en el centro.
   d. estaba en un pueblo muy cerca de la ciudad.
3. El esposo
   a. amaba inmensamente a su mujer y quería que fuera feliz.
   b. era indiferente a las necesidades de su mujer o ignoraba sus sentimientos e ideas.
   c. inspiraba confianza.
   d. maltrataba al huésped para complacer a su mujer.
4. El esposo le asignó al huésped
   a. un cuarto grande y con mucha luz.
   b. un cuarto pequeño y oscuro.
   c. un cuarto pequeño y húmedo.
   d. un cuarto grande, húmedo y oscuro.
5. A la mujer le gustaba pasar algún tiempo
   a. cuidando su jardín.
   b. entreteniendo al huésped.
   c. hablando por teléfono.
   d. enseñando al hijo de la criada.
6. A veces el huésped
   a. dejaba su cuarto e iba detrás de la mujer.
   b. jugaba con los niños.
   c. ayudaba a la mujer en el jardín.
   d. ayudaba a la criada con los mandados.

7. La mujer
   a. sentía lástima por el huésped.
   b. sentía pavor y odio hacia el huésped.
   c. se hizo muy amiga del huésped.
   d. trabajaba con el huésped.
8. Una noche la mujer
   a. invitó al huésped a cenar con ella.
   b. hizo que su esposo se lo llevara al pueblo.
   c. le arrojó una lámpara de gasolina al huésped.
   d. murió de hambre.
9. Guadalupe era
   a. la dueña de casa.
   b. la criada.
   c. la hermana del hombre.
   d. la madre de la mujer.
10. Un día Guadalupe y la mujer
    a. vendieron al huésped.
    b. se fueron a vivir a la ciudad.
    c. arañaron al hijo de Guadalupe y lo golpearon.
    d. encerraron al huésped en su cuarto y lo dejaron morir de hambre.

B. *Cuestionario*

1. ¿Cuándo trajo el esposo al huésped a la casa?
2. ¿Por qué no era feliz la mujer?
3. ¿Cómo era el pueblo en que vivían la mujer y su familia?
4. ¿Cómo era el huésped?
5. ¿Cómo era el cuarto del huésped?
6. ¿Cuál era la tarea diaria de la mujer?
7. ¿A quién ignoraba el huésped?
8. ¿Cómo reaccionaba la mujer cuando veía al huésped detrás de ella en la cocina?
9. ¿Por qué no podía la mujer cerrar la puerta de noche?
10. ¿Dónde estaba el huésped cuando la mujer le arrojó la lámpara?
11. ¿A quién atacó el huésped cuando Guadalupe había salido a la compra?
12. ¿Cómo se libraron del huésped Guadalupe y la mujer?

C. *Discusión y opiniones*

1. Según las descripciones que da la mujer del huésped, ¿qué clase de criatura era?
2. En su opinión, ¿por qué trajo el marido al huésped?
3. ¿Este cuento le implica a Ud. algo acerca de la condición de la mujer en el mundo hispano rural?
4. Si Ud. fuera la mujer del hombre en este cuento, ¿cómo reaccionaría ante la conducta de él?
5. Describa Ud. el desarrollo emocional de la mujer con relación al huésped y al marido.

D. *Repaso gramatical (verbos irregulares del pretérito)*

Rewrite these sentences three times, substituting the new subjects in parentheses. Make sure the italicized verb agrees with the new subject and stays in the preterit tense.

a. Él lo *trajo* al regreso de un viaje. (tú, yo, Uds.)
b. No *pude* reprimir un grito de horror. (tú y yo, él, tú)
c. Nunca *supe* a qué hora se acostaba. (Ud., los niños, ella)
d. Él no *hizo* ruido. (tú, yo, Guadalupe y tú)
e. *Oí* el llanto del pequeño. (él, nosotras, ellas)
f. Al día siguiente *dimos* de desayunar a los niños. (yo, tú, Guadalupe)
g. *Fui* a verlo varias veces. (Uds., nosotros, él)

8

Continuidad de los parques

JULIO CORTÁZAR

Julio Cortázar (1914–1984) was a key figure in the Latin American literary "Boom" of the 1960s. His novel Rayuela *(1963), called* Hopscotch *in English, is probably his best known work because of the impact it had as a model of structural innovation. Although he considered himself to be Argentine and used Spanish as his creative language, Cortázar spent much of his productive life outside of Argentina because of his opposition to President Juan Perón and subsequent military governments. He took up permanent residence in Paris in 1952, where he worked as a translator for UNESCO. At the time of his death from leukemia in 1984, he had written six novels, 82 short stories, and a variety of works in other genres. He became famous for his "collage" books like* La vuelta al día en ochenta mundos *(1967), which bring together poetry, stories, essays, letters, photographs, and a variety of graphic materials.*

As a short story writer, Cortázar's mastery is undisputed. His stories characteristically begin with a more or less routine event, which then becomes a window on a larger reality. In "Las babas del diablo," a story subsequently used for the movie Blow-Up, *the simple act of snapping a photograph takes on ominous significance for the photographer. The reader is left to speculate whether external reality threatens or the threat comes from within the photographer's mind.*

Many of Cortázar's stories create the impression that something unique and baffling has just been revealed. Readers are left to question whether they have glimpsed a profound metaphysical secret or have unwittingly been players in the author's intellectual game. "Continuidad de los parques," the story included here, is a favorite and will undoubtedly bring about some of these mixed reactions in many readers.

Antes de leer

Vocabulario

Sustantivos

la izquierda   left
el sillón   easy chair
la novela   novel
el terciopelo   velvet
el puñal   dagger
el cigarrillo   cigarette
el alcance   reach
el estudio   study
el roble   oak tree
la trama   plot
el personaje   character
el peldaño   stairstep
la coartada   alibi
la finca   farm
el mayordomo   butler, administrator
el apoderado   attorney
la senda   path

Adverbios

antes   before
lentamente   slowly
primero   first
en seguida   immediately

Adjetivos

primero(a)   first
último(a)   last
verde   green
alfombrada   carpeted
arrellanado(a)   comfortably seated
receloso(a)   mistrustful

Verbos

parapetarse   to protect oneself
desgajar   to break away from
golpear   to hit
empezar   to begin
regresar   to return, go back
rechazar   to reject
ganar   to win, to earn
entrar   to enter
subir   to go up
latir   to beat, pulsate

From the list below, choose the opposite for each of the following words.

ir	rápidamente	después	terminar
derecha	perder	primero	salir
aceptar	bajar		

a. rechazar
b. ganar
c. lentamente
d. subir
e. entrar

f. izquierda
g. antes
h. regresar
i. empezar
j. último

Match each word in column A with a synonym from column B.

A	B
finca	administrador
apoderado	sendero
mayordomo	abogado
arrellanado	hacienda
en seguida	inmediatamente
desgajar	desconfiada
recelosa	protegerse
coartadas	despegar
senda	excusas
parapetarse	sentado

Making necessary changes, complete the sentences by filling in the blanks with the appropriate words from the vocabulary.

1. El hombre entró al _____ que miraba hacia el parque de los _____.

2. El hombre se sentó en su _____ favorito para leer una _____.

3. Se dejaba interesar por la _____ y los _____.
4. Había dejado los _____ al _____ de la mano.
5. Otro hombre _____ los tres _____ del porche y entró a la casa.
6. _____ pasó por una sala azul y después subió una escalera _____.

7. Con el _____ en la mano se acercó al sillón de _____ verde.
8. Mientras se acercaba al sillón el corazón le _____ rápido y la sangre le _____ en sus oídos.

Temas de orientación

1. ¿Le gusta a Ud. leer para divertirse y descansar?
2. ¿Con qué clase de libros se entretiene Ud. mejor?
3. Si el libro es muy interesante, ¿es posible perderse en él y olvidarse de lo que pasa alrededor?
4. Discuta Ud. este fenómeno de perderse en la lectura.

Continuidad de los parques

Había empezado a leer la novela unos días antes. La abandonó por negocios urgentes, volvió a abrirla cuando regresaba en tren a la finca; se dejaba interesar lentamente por la trama, por el dibujo de los personajes. Esa tarde, después de escribir una carta a su apoderado y discutir con el mayordomo una cuestión de aparcerías,[1] volvió al libro en la tranquilidad del estudio que miraba hacia el parque de los robles. Arrellanado en[2] su sillón favorito, de espaldas a la puerta[3] que lo hubiera molestado como una irritante posibilidad de intrusiones, dejó que su mano izquierda acariciara una y otra vez el terciopelo verde y se puso a leer los últimos capítulos. Su memoria retenía sin esfuerzo los nombres y las imágenes de los protagonistas; la ilusión novelesca lo ganó casi en seguida. Gozaba del placer casi perverso de irse desgajando línea a línea de lo que lo rodeaba,[4] y sentir a la vez que su cabeza descansaba cómodamente en el terciopelo del alto respaldo, que los cigarrillos seguían al alcance de la mano,[5] que más allí de los ventanales danzaba el aire del atardecer bajo los robles. Palabra a palabra, absorbido por la sórdida disyuntiva de los héroes, dejándose ir hacia las imágenes que se concertaban y adquirían color y movimiento, fue testigo del último encuentro en la cabaña del monte. Primero entraba la mujer, recelosa; ahora llegaba el amante, lastimada la cara por el chicotazo de una rama. Admirablemente restañaba ella la sangre con sus besos, pero él rechazaba las caricias, no había venido para repetir las ceremonias de una pasión secreta, protegida por un mundo de hojas secas y senderos furtivos. El puñal se entibiaba contra su pecho, y debajo latía la libertad agazapada.[6] Un diálogo anhelante corría por las páginas como un arroyo de serpientes, y se sentía que todo estaba decidido desde siempre. Hasta esas caricias que enredaban el cuerpo del amante como queriendo retenerlo y disuadirlo, dibujaban abominablemente la figura de otro cuerpo que era necesario destruir. Nada había sido olvidado: coartadas, azares, posibles errores. A partir

---

[1] **una cuestión de aparcerías** a partnership issue

[2] **Arrellanado en** Comfortably seated in

[3] **de espaldas a la puerta** with his back to the door

[4] **irse desgajando línea a línea de lo que**

lo rodeaba allowing himself to break away from his surroundings

[5] **al alcance de la mano** within reach of his hand

[6] **y debajo latía la libertad agazapada** and beneath it beat his heart with liberty in crouched expectation

de esa hora[7] cada instante tenía su empleo minuciosamente atribuido. El doble repaso despiadado[8] se interrumpía apenas para que una mano acariciara una mejilla. Empezaba a anochecer.

Sin mirarse ya, atados rígidamente a la tarea que los esperaba, se separaron en la puerta de la cabaña. Ella debía seguir por la senda que iba al norte. Desde la senda opuesta él se volvió un instante para verla correr con el pelo suelto. Corrió a su vez, parapetándose en los árboles y los setos, hasta distinguir en la bruma malva del crepúsculo la alameda que llevaba a la casa. Los perros no debían ladrar, y no ladraron. El mayordomo no estaría a esa hora, y no estaba. Subió los tres peldaños del porche y entró. Desde la sangre galopando en sus oídos le llegaban las palabras de la mujer: primero una sala azul, después una galería, una escalera alfombrada. En lo alto dos puertas.[9] Nadie en la primera habitación, nadie en la segunda. La puerta del salón, y entonces el puñal en la mano, la luz de los ventanales, el alto respaldo de un sillón de terciopelo verde, la cabeza del hombre en el sillón leyendo una novela.

Ejercicios

A. Comprensión inmediata

Indicate whether the following statements are true or false according to the story. If a statement is false, explain why and give the correct answer.

1. El hombre leía una novela.
2. El hombre leía sentado en una alfombra.
3. El estudio miraba hacia una casa.
4. El sillón era de terciopelo verde.
5. Los cigarrillos estaban al alcance de la mano.
6. El hombre estaba leyendo la novela por la mañana.
7. Al hombre no le interesaba la novela.

---

[7] **A partir de esa hora** From that moment on
[8] **El doble repaso despiadado** The relentless double check
[9] **En lo alto dos puertas** At the top of the stairs two doors

8. La mujer entró lastimada a la cabaña.
9. El amante quería tener una escena apasionada con la mujer.
10. Al salir de la cabaña, el amante y la mujer siguieron el mismo camino.

B. Cuestionario

1. ¿Por qué abandonó el hombre la lectura de la novela la primera vez?
2. ¿Qué elementos de la novela le interesaron al hombre?
3. ¿Cómo era el estudio del hombre?
4. ¿Cuántos personajes hay en la novela y quiénes son?
5. ¿Dónde se reunieron estos personajes?
6. ¿Cómo se sentía la mujer cuando entró a la cabaña?
7. ¿Cómo y dónde fue lastimado el amante?
8. ¿Qué traía el amante con él?
9. ¿A dónde fueron el amante y la mujer después del encuentro en la cabaña?
10. Al llegar el amante a la casa, ¿cuál fue el primer cuarto que vio y de qué color era?
11. ¿Dónde está sentada la víctima del amante?

C. Discusión y opiniones

1. Analice Ud. el uso de la técnica de la prefiguración en este cuento, señalando los detalles más destacados que sirven para relacionar el personaje del principio con el hombre del final.
2. ¿Cómo explica Ud. el hecho de que el amante de la mujer se encontrara en la casa del hombre que leía la novela?
3. Después de leer el cuento, ¿cree Ud. que la mención de los negocios con el apoderado y el mayordomo adquiere mayor significado? Explique su respuesta.
4. En su opinión, ¿es este cuento todo un juego intelectual de parte del autor o es posible que Cortázar quisiera decirnos algo respecto al poder del arte?
5. Diga o escriba Ud. en qué manera le ha afectado a Ud. la lectura de un cuento o novela.

D. Repaso gramatical (el imperfecto)

Rewrite the following sentences, changing the italicized verbs to the imperfect indicative tense.

1. El estudio *mira* hacia el parque de los robles.
2. Su memoria *retiene* los nombres de los protagonistas de la novela.
3. *Goza* del placer de sentir que su cabeza *descansa* en el alto respaldo.
4. Los cigarrillos *siguen* al alcance de la mano.
5. El puñal se *entibia* contra el pecho del amante.
6. *Es* necesario destruir al otro.
7. Ella *debe* seguir por la senda que *va* al norte.
8. Las palabras de la mujer le *llegan* a los oídos, primero una sala azul…

9

Un día de éstos

GABRIEL GARCÍA MÁRQUEZ

Nobel prize winner Gabriel García Márquez (b. 1928) made his living for many years as a journalist, writing fiction on the side; until, as his friend Mario Vargas Llosa tells it, "He ... closed himself in his office with large supplies of paper and cigarettes and announced to Mercedes [his wife] that he was going to remain there for about six months...." In reality, this self-imposed exile lasted for 18 months, and out of it came the literary cornerstone of García Márquez's international success, Cien años de soledad *(1967). In it the people, events, and tropical climate of his boyhood in the sleepy little town of Aracataca, Colombia, were distilled and refashioned into the genealogy of the Buendía family whose achievements and failures capture much of the essence of the human condition.*

Cien años de soledad *is, also, a novel full of startling magical elements, which García Márquez's narrative skill brings to the reader in an understated tone, putting them into perspective as a functioning dimension of his fictional reality. Much of the author's literary fame rests on this talent for amalgamating the unscientific side of life—superstition, legend, and popular belief—with the routine facts of human existence.*

*Another facet of García Márquez's style reflects a mastery of dialogue and an economy of words that his critics have compared to the technique of Ernest Hemingway. Such stark realism is more characteristic of his earlier fiction—*La mala hora *(1962),* El coronel no tiene quien le escriba *(1958), and portions of* Los funerales de la Mamá Grande *(1962). The latter work, a collection of short stories, is the source of this selection for the anthology, "Un día de éstos." Notice how the author's matter-of-fact tone and economy of words tend to place the* *obvious unrest and violence in the town on an everyday, routine footing. Perhaps this is his way of commenting on the deplorable state of Colombian political life during the 1950s.*

$\mathcal{A}$ntes de leer

Vocabulario

Sustantivos

el madrugador   early riser
el amanecer   dawn
el puñado   handful
   (of things)
las lágrimas   tears

Adjetivos

dañado(a)   damaged, ruined
sordo(a)   deaf

Verbos

llevar   to wear (clothing)
pulir   to polish
gritar   to scream, shout
hervir   to boil

Find the word in the vocabulary list that best explains the underlined words in each sentence.

a.   Del agua que estaba sobre el fuego <u>salían muchas burbujas y mucho vapor</u>.
b.   El hombre <u>no oye nada</u> de lo que dicen en la conferencia.
c.   Juan siempre <u>se levanta a las cinco de la mañana</u>.
d.   El niño siempre pide las cosas <u>en voz exageradamente alta</u> cuando no se las dan.
e.   La pobre enferma tiene tanto dolor que le <u>caen gotas de líquido de los ojos</u>.
f.   No se puede vivir en esta casa. <u>Está parcialmente quemada</u>.
g.   A mi amiga siempre le gusta <u>brillar</u> el metal de su casa.
h.   El niño <u>iba vestido</u> con ropa nueva.
i.   El joven sacó del bolsillo <u>la mano llena de monedas</u>.
j.   En el verano, <u>como a las cuatro y media de la mañana, el horizonte se ve de un color rojizo</u>.

Match each word from column A with its antonym in column B.

A	B
a. dañado	que oye
b. gritar	se enfriaba
c. sordo	bueno
d. hervía	murmurar
e. llevaba	raspar
f. pulir	atardecer
g. amanacer	se quitaba

Based on the meanings of the following adjectives, write the English equivalents of the related verbs and nouns.

MODEL: tranquilo   tranquilizar   la tranquilidad
             tranquil   *to tranquilize*   *tranquility*

a.	pensativo *pensive*	pensar _____	el pensamiento _____
b.	hinchado *swollen*	hinchar _____	la hinchazón _____
c.	amargo *bitter*	amargar _____	la amargura _____
d.	tibio *tepid*	entibiar _____	la tibieza _____
e.	limpio *clean*	limpiar _____	la limpieza _____
f.	muerto *dead*	morir _____	la muerte _____
g.	dolorido *painful*	doler _____	el dolor _____
h.	polvoriento *dusty*	empolvar _____	el polvo _____
i.	caliente *hot*	calentar _____	el calor _____

Temas de orientación

1. ¿De qué palabra se deriva «dentista»?
2. ¿Qué hace el dentista?

3. ¿Le tiene Ud. miedo al dentista? Explique.
4. ¿Hay muchos dentistas en su pueblo?
5. Si Ud. no tiene título de dentista, ¿puede Ud. ejercer la profesión de dentista en los Estados Unidos?

Un día de éstos

El lunes amaneció tibio y sin lluvia. Don Aurelio Escovar, dentista sin título[1] y buen madrugador,[2] abrió su gabinete a las seis. Sacó de la vidriera una dentadura postiza montada aún en el molde de yeso y puso sobre la mesa un puñado de instrumentos que ordenó de mayor a menor, como en una exposición. Llevaba una camisa a rayas,[3] sin cuello, cerrada arriba con un botón dorado, y los pantalones sostenidos con cargadores elásticos. Era rígido, enjuto, con una mirada que raras veces correspondía a la situación, como la mirada de los sordos.

Cuando tuvo las cosas dispuestas sobre la mesa rodó la fresa[4] hacia el sillón de resortes y se sentó a pulir la dentadura postiza. Parecía no pensar en lo que hacía, pero trabajaba con obstinación, pedaleando en la fresa incluso cuando no se servía de ella.[5]

Después de las ocho hizo una pausa para mirar el cielo por la ventana y vio dos gallinazos pensativos que se secaban al sol en el caballete de la casa vecina. Siguió trabajando con la idea de que antes del almuerzo volvería a llover.[6] La voz destemplada de su hijo de once años lo sacó de su abstracción.

—Papá.

—Qué.

—Dice el alcalde que si le sacas una muela.

—Dile que no estoy aquí.

Estaba puliendo un diente de oro. Lo retiró a la distancia del brazo[7] y lo examinó con los ojos a medio cerrar. En la salita de espera volvió a gritar su hijo.

---

[1] **dentista sin título** In little towns in Colombia, where doctors and dentists are badly needed, it is possible to find people with no degree practicing dentistry or medicine. They may have been helpers in pharmacies or dental offices or students who never finished their professional training.

[2] **buen madrugador** early riser

[3] **Llevaba una camisa a rayas** He was wearing a striped shirt

[4] **fresa** dentist's drill

[5] **incluso cuando no se servía de ella** even when he wasn't using it

[6] **volvería a llover** it would rain again

[7] **Lo retiró a la distancia del brazo** He held it at arm's length

—Dice que sí estás porque te está oyendo.

El dentista siguió examinando el diente. Sólo cuando lo puso en la mesa con los trabajos terminados, dijo:—Mejor.

Volvió a operar la fresa. De una cajita de cartón donde guardaba las cosas por hacer, sacó un puente de varias piezas y empezó a pulir el oro.

—Papá.

—Qué.

Aún no había cambiado de expresión.

—Dice que si no le sacas la muela te pega un tiro.[8]

Sin apresurarse, con un movimiento extremadamente tranquilo, dejó de pedalear en la fresa,[9] la retiró del sillón y abrió por completo la gaveta inferior de la mesa. Allí estaba el revólver.

—Bueno —dijo—. Dile que venga a pegármelo.[10]

Hizo girar el sillón hasta quedar de frente a la puerta, la mano apoyada en el borde de la gaveta. El alcalde apareció en el umbral. Se había afeitado la mejilla izquierda, pero en la otra, hinchada y dolorida, tenía una barba de cinco días. El dentista vio en sus ojos marchitos muchas noches de desesperación. Cerró la gaveta con la punta de los dedos y dijo suavemente:

—Siéntese.

—Buenos días —dijo el alcalde.

—Buenos[11] —dijo el dentista.

Mientras hervían los instrumentales, el alcalde apoyó el cráneo en el cabezal de la silla y se sintió mejor. Respiraba un olor glacial. Era un gabinete pobre: una vieja silla de madera, la fresa de pedal y una vidriera con pomos de loza. Frente a la silla, una ventana con un cancel de tela hasta la altura de un hombre. Cuando sintió que el dentista se acercaba, el alcalde afirmó los talones[12] y abrió la boca.

Don Aurelio Escovar le movió la cara hacia la luz. Después de observar la muela dañada, ajustó la mandíbula con una cautelosa presión de los dedos.

—Tiene que ser sin anestesia —dijo.

—¿Por qué?

—Porque tiene un absceso.

---

[8] **te pega un tiro** he will shoot you
[9] **dejó de pedalear en la fresa** he stopped pedaling the drill
[10] **Dile que venga a pegármelo** Tell him to come and shoot me.

[11] **Buenos (Buenos días)** Sometimes the word *días* is omitted.
[12] **afirmó los talones** he set his heels

El alcalde lo miró en los ojos.

—Está bien —dijo, y trató de sonreír. El dentista no le correspondió. Llevó a la mesa de trabajo la cacerola con los instrumentos hervidos y los sacó del agua con unas pinzas frías, todavía sin apresurarse. Después rodó la escupidera con la punta del zapato y fue a lavarse las manos en el aguamanil. Hizo todo sin mirar al alcalde. Pero el alcalde no lo perdió de vista.[13]

Era un cordal inferior. El dentista abrió las piernas y apretó la muela con el gatillo caliente. El alcalde se aferró a las barras de la silla, descargó toda su fuerza en los pies y sintió un vacío helado en los riñones, pero no soltó un suspiro. El dentista sólo movió la muñeca. Sin rencor, más bien con una amarga ternura, dijo:

—Aquí nos paga veinte muertos,[14] teniente.

El alcalde sintió un crujido de huesos en la mandíbula y sus ojos se llenaron de lágrimas. Pero no suspiró hasta que no sintió salir la muela. Entonces la vio a través de las lágrimas. Le pareció tan extraña a su dolor, que no pudo entender la tortura de sus cinco noches anteriores. Inclinado sobre la escupidera, sudoroso, jadeante, se desabotonó la guerrera y buscó a tientas el pañuelo en el bolsillo del pantalón. El dentista le dio un trapo limpio.

—Séquese las lágrimas —dijo.

El alcalde lo hizo. Estaba temblando. Mientras el dentista se lavaba las manos, vio el cielorraso desfondado y una telaraña polvorienta con huevos de araña e insectos muertos. El dentista regresó secándose las manos. «Acuéstese —dijo— y haga buches de agua de sal.»[15] El alcalde se puso de pie, se despidió con un displicente saludo militar, y se dirigió a la puerta estirando las piernas, sin abotonarse la guerrera.

—Me pasa la cuenta —dijo.

—¿A usted o al municipio?

El alcalde no lo miró. Cerró la puerta, y dijo, a través de la red metálica.

—Es la misma vaina.[16]

---

[13] **no lo perdió de vista** he didn't lose sight of him

[14] **Aquí nos paga veinte muertos** The dentist implies that the *alcalde* had shed a lot of innocent blood.

[15] **haga buches de agua de sal** rinse your mouth out with salt water

[16] **Es la misma vaina.** It's the same thing. *Vaina* is a vulgar term used to refer to an object or a situation.

Ejercicios

A. *Comprensión inmediata*

Read the following incomplete statements. Select the answer that fits best according to the story.

1. El cuento tuvo lugar
   a. durante una tormenta.
   b. en un día de fiesta.
   c. en un día agradable.
   d. durante una reunión familiar.
2. Don Aurelio Escovar era
   a. cobarde.
   b. un hombre muy tímido y acomplejado.
   c. un hombre sumiso.
   d. un hombre firme y valiente.
3. Don Aurelio
   a. era muy perezoso.
   b. no abría su gabinete todos los días.
   c. siempre madrugaba para charlar con su secretaria.
   d. siempre iba a su oficina temprano para trabajar.
4. Cuando su hijo lo llamó, el dentista
   a. estaba mirando la televisión.
   b. arreglaba una dentadura postiza.
   c. charlaba y tomaba cerveza con sus amigos.
   d. arreglaba un sillón de resortes.
5. El hijo de don Aurelio
   a. era un hombre casado.
   b. era dentista.
   c. trabajaba con el alcalde.
   d. era un muchachito de pocos años.
6. El alcalde vino al gabinete de don Aurelio
   a. para sacarse la muela.
   b. para pegarle un tiro.
   c. para asistir a una reunión política.
   d. con el fin de pedirle dinero para el municipio.

7. Si el dentista rehusaba sacarle la muela al alcalde, éste iba a
    a. fusilar a veinte personas.
    b. cerrar el gabinete.
    c. poner al dentista preso.
    d. pegarle un tiro.
8. El dentista iba a sacar la muela sin anestesia porque
    a. no tenía anestesia en su oficina.
    b. el alcalde era muy pobre y no podía pagar la anestesia.
    c. los instrumentos no estaban esterilizados.
    d. la muela estaba muy infectada y llena de pus.
9. Mientras el dentista le sacaba la muela, el alcalde
    a. escuchaba la radio.
    b. experimentaba un dolor agudo en el cuerpo.
    c. lanzaba gritos.
    d. dormía tranquilamente.
10. Al salir del gabinete el alcalde le pidió a don Aurelio
    a. que fuera con él a la alcaldía.
    b. que no le cobrara por el trabajo.
    c. que le pasara la cuenta.
    d. que entregara su revólver.

B. *Cuestionario*

1. ¿En qué día de la semana ocurre el cuento?
2. ¿A qué hora abrió su gabinete don Aurelio Escovar?
3. ¿Cómo era don Aurelio?
4. ¿Qué llevaba aquel día don Aurelio?
5. ¿Cómo supo don Aurelio de la llegada del alcalde?
6. ¿Por qué fue el alcalde a ver a don Aurelio?
7. ¿Cómo sabemos que don Aurelio no lo quería ver?
8. ¿Con qué amenazó el alcalde a don Aurelio?
9. ¿Le dio miedo la amenaza a don Aurelio?
10. ¿Cómo tenía la cara el alcalde?
11. ¿Por qué era necesario sacar la muela sin anestesia?
12. Al sacar la muela, ¿qué le dijo don Aurelio al alcalde?
13. ¿Cómo reaccionó el alcalde cuando sintió salir la muela?
14. ¿Con qué se secó las lágrimas el alcalde?
15. ¿Qué le aconsejó el dentista al alcalde que hiciera?
16. ¿Qué dijo el alcalde al salir de la oficina del dentista?

C.   Discusión y opiniones

1.   Al leer el cuento, ¿qué infiere Ud. de la situación política en
     Colombia? Dé Ud. ejemplos para respaldar su respuesta.
2.   El dentista que se menciona en este cuento ejerce su profesión
     en un pueblito colombiano. Haga Ud. una comparación entre
     este dentista y un dentista en su ciudad.
3.   ¿Qué interpretación daría Ud. a la respuesta del alcalde al final
     del cuento: «Es la misma vaina»?

D.   Repaso gramatical (el imperfecto y el pretérito)

*Keeping the plot of the story in mind, complete the following
paragraph by supplying the imperfect or preterit form of the
indicated verbs.*

El lunes (amanecer) _____ tibio. (Ser) _____ las
seis de la mañana cuando don Aurelio (abrir) _____ su
gabinete. Él no (tener) _____ título de dentista, sin embargo
(ejercer) _____ la profesión de dentista. Don Aurelio (ser)
_____ rígido y enjuto. Aquel día él (llevar) _____ una
camisa a rayas sin cuello, y (sujetar) _____ sus pantalones con
cargadores. Cuando (entrar) _____ a su gabinete, don Aurelio
(hacer) _____ varias cosas: (sacar) _____ de la vidriera
un puente postizo, (poner) _____ un puñado de instrumentos
sobre la mesa, los (ordenar) _____ de mayor a menor, (rodar)
_____ una fresa y (sentarse) _____ a pulir la dentadura
postiza.

Don Aurelio (tener) _____ un hijo. El muchacho (tener)
_____ once años. A las ocho de la mañana, mientras el dentista
(afilar) _____ el diente postizo, su hijo lo (llamar) _____
y le (decir) _____ que el alcalde (estar) _____ allí. El
alcalde (tener) _____ un terrible dolor de muela. El dentista se
la (sacar) _____.

10

El hombre

JOSÉ SÁNCHEZ-BOUDY

José Sánchez-Boudy's promising career as a criminal lawyer in Cuba was cut short by his opposition to the communist government of Fidel Castro. This political conflict forced him into exile in the United States. As a result his works have all been written outside of Cuba since 1961.

Sánchez-Boudy was born in 1928 in Havana, where he was educated at the Champagnat School of the Marista Brothers. Later, he continued his education at the Tilton School in New York and the Jesuit-run University of Detroit. Upon his return to Cuba he studied at the University of Havana where he received doctorates in law and social science. Later in his career, in 1976, he received a doctorate in philosophy and letters from the Universidad Complutense in Madrid.

Sánchez-Boudy has both literary and scholarly writings, whose number and variety patently reveal the breadth of his interests and creativity. Since leaving Cuba, he has held professorships at universities in Puerto Rico and the United States, including the University of North Carolina at Greensboro, where he currently resides.

In general terms, José Sánchez-Boudy's creative works follow two lines of development, a costumbrista *or regionalistic preoccupation with Cuban language and culture and a universal view which manifests itself in the development of such themes as humanity's search for liberty, the apocalyptic nature of history and historical crisis in the present age. The* costumbrista *or regionalistic aspects of his work appear in several novels, a collection of folkloric vignettes, and in his poetry. In these works the author uses language to recreate characters of the Cuban popular classes and to project a vision of Cuba in the old days.*

Sánchez-Boudy's short stories tend to be universal in the sense that he avoids linking their settings and characters to any specific country or race. Besides this universal trait, Sánchez-Boudy's readers point out two other characteristics. First, there is a decided economy of language and a directness of style which cause the majority of his narrations not to exceed four pages in length. As Alberto Gutiérrez de la Solana states, they are "sin complicaciones estructurales, espaciales o temporales, relatadas en primera o tercera persona, con progresión, prosa y lenguaje directos, claros y precisos…" The other characteristic is an aura of inescapable, supernatural forces that guide his characters toward inevitable ruin, making his stories almost always end tragically although not without a bit of ironic black humor.

The selection in this anthology illustrates the latter characteristic. A kindly family man, "el hombre" turns out to have a less-than loving side to his nature, for which he receives a certain poetic justice through the circumstances of his demise.

Antes de leer

Vocabulario

Sustantivos

la noveluca   cheap novel
la bodeguita   a small grocery store
el barrio   neighborhood

Expresiones

la taza del inodoro   toilet bowl
montaban en cólera   were growing angrier
eran su delirio   they were his pride and joy

Verbos

corretear   to run around
nutrir   to nourish
pasear   to go for a walk or ride
respetar   to respect
quedarse   to remain, stay
comenzar   to start

Replace the italicized words and expressions with the equivalent item from the vocabulary list. Make any necessary changes if needed.

a.   Los sábados las vecinas *se ponían más y más furiosas*.
b.   Las hijas del hombre eran *su felicidad y orgullo*.
c.   Las muchachas *alimentaban* sus sueños juveniles de *las novelas sin valor*.
d.   Por las tardes el hombre *salía a caminar* con su mujer.

e.   La gente le *mostraba cortesía* a uno.
f.   El hombre les compraba dulces a los niños de su *vecindario*.
g.   El compraba los dulces en la *pequeña tienda* que vende cosas para preparar comida.
h.   El hombre *empezó* a afeitarse con una navaja eléctrica.
i.   La cabeza del hombre *permaneció* en la taza del inodoro.

Cross out the word that doesn't belong, and explain why.

a.   alegría — felicidad — júbilo — cólera
b.   desarrapado — rico — millonario — solvente
c.   muchacho — varón — hembra — macho
d.   manos delicadas — dedos largos — brazos fuertes — tardes arreboladas
e.   escribía — rezaba — dibujaba — copiaba
f.   jamás — siempre — frecuentemente — abundantemente
g.   desarrapado — harapiento — navaja — haraposo
h.   cansarse — afeitarse — agotarse — fatigarse
i.   enchufe — galleta — torta — pudín
j.   caminó — marchó — quedó — anduvo
k.   desayunó — almorzó — cenó — cayó

Temas de orientación

1.   ¿Cuál es el oficio de un verdugo?
2.   ¿Qué formas de ejecución se emplean actualmente en los Estados Unidos?
3.   ¿Le gustaría a Ud. desempeñar el oficio de verdugo?
4.   ¿Qué opina Ud. de la pena de muerte?

❦❦❦❦❦❦❦

El hombre

I

Amaba a los niños. Le gustaba verlos corretear detrás de la pelota. Y mientras los vecinos montaban en cólera,[1] los sábados por la tarde, él dormía envuelto, en la siesta, plácidamente, y en los gritos de golfos y desarrapados.

Tenía por costumbre sentarse en el portal cuando las almendras florecían. Su figura escuálida, diminuta, de hombre de familia se engullía entre los gruesos almohadones de su sillón giratorio.

Amaba las novelas rosas.[2] Jamás había comprado otros libros que no fueran las colecciones de M. Delly o de Rafael Pérez y Pérez.

Y se las dejaba leer a sus muchachas.[3] Había tenido siete hembras — hembras solamente — que eran su delirio.[4] Ellas se nutrían, para sus sueños juveniles, del arsenal de tonterías que brotaban de aquellas novelucas donde había plebeyos y marqueses y donde los marqueses terminaban siempre vencidos por las villanas.

Las tardes arreboladas en el horizonte paseaba con su mujer. Todos veían, entonces, sus manos delicadas en el bastón que llevaba, aunque no lo necesitaba, como un símbolo de los buenos tiempos.

Era un soñador y amaba el pasado conservador cuando la sociedad bebía chocolates con churros y se trataban las personas de usted.[5] Dengues y perendengues formaban las sinuosidades de su alma.[6]

— Entonces había clases.[7] Lo respetaban a uno. Pero ahora…Ya ve usted. Qué falta de[8] aristocracia, de linaje.

---

[1] **las vecinas montaban en cólera** the neighbors were growing angrier

[2] **novelas rosas** cheap romantic novels

[3] **se las dejaba leer a sus muchachas** he allowed his daughters to read them

[4] **eran su delirio** they were his pride and joy

[5] **se trataban las personas de usted** people treated each other with respect

[6] **Dengues y perendengues formaban las sinuosidades de su alma** His soul dwelt in frivolities

[7] **entonces había clases** at that time social distinctions were made

[8] **Qué falta de** What a lack of

Era su melopea incontenible. Era su decir diario. El rosario de todos los días. Y también, rezaba éste. Y cuando se podía en familia.[9] Daba, además, la bendición a sus hijas antes de ir a la cama:
«No me puedo dormir sin oírles pedir: la bendición, papá.»

II

En la esquina de la casa había una bodeguita donde él compraba caramelos para sus niños del barrio. En diez años que vivía en aquel barrio no había dejado una semana[10] de comprar caramelos para sus hijas y los niños de la barriada.

Su mujer jamás tuvo una queja de él. Vivía recluido en el hogar, amándola sólo a ella. Sólo salía para efectuar su trabajo. Terminado, retornaba a su casa, se ponía un pijama y volvía a su mundo de pequeño burgués.

Aquella tarde comenzó a afeitarse. A las seis tenía que ir a cumplir su cometido.[11] Lo hacía con una vieja navaja eléctrica que le había regalado su mujer. El baño era estrecho: dos viejos espejos, el lavabo y junto a éste la taza del inodoro; a su derecha una pequeña ventana por la que apenas entraba el sol.

Pasó la navaja eléctrica por la cara arañada. Terminada la operación arrancó violentamente el cordón eléctrico del enchufe.

Miróse al espejo. En la cara había algunos cañones rebeldes.[12] Subió a la taza para enchufar el cordón y puso la maquinilla en movimiento. Cayó redondo. La cabeza quedó sumergida en la taza del inodoro[13] llena de excremento. El muerto tenía un raro sentido de economizar agua.

III

Al día siguiente la noticia no dejó de aparecer[14] en ningún periódico. Al tirar del cordón de la máquina, inadvertidamente, éste mojóse en la taza del inodoro. Húmedo lo enchufó de nuevo. El agua dejó a la corriente electrocutarlo.

---

[9] **Y cuando se podía [rezaba] en familia** He also prayed with his family, whenever it was possible
[10] **no había dejado una semana** he hadn't missed a week
[11] **cumplir su cometido** to carry out his duty

[12] **cañones rebeldes** unruly stubble (his beard)
[13] **la taza del inodoro** the toilet bowl
[14] **no dejó de aparecer** did not stop appearing

Las reseñas y fotos sobre él eran imponentes. Llevaba treinta años de verdugo.[15] Aparecieron fotos mostrándolo con una cabeza recién guillotinada sosteniéndola por los pelos. Reflejaba su rostro una satisfacción de asesino. Un periodista le llamó sadista y recordó que había sido acusado en el Ministerio de Justicia por familiares de los guillotinados de manejar mal la hoja;[16] y también el garrote, que era otra de sus especialidades. Se decía que lo hacía con el fin de[17] hacer sufrir más a sus víctimas. Él se defendió diciendo que sólo hacía justicia como le mandaban.

En la prisión todos le despreciaban y los guardas rumoreaban que era más asesino que los que embarcaba en la huesa con pasaje definitivo.[18]

IV

Dejó una pequeña fortuna y un álbum, con sus fotos de las ejecuciones, manoseado por el uso. De su puño y letra[19] había escrito al lado de una cabeza con los ojos saltados en el garrote:[20] «no es encantador». Su mujer lo lloró y sus hijas. Y también los niños del barrio.

Ejercicios

A.   *Comprensión inmediata*

Read the following incomplete statements. Select the answers that best fit the story.

1.   El hombre
     a.   maltrataba a los niños.
     b.   era verdugo.
     c.   era periodista.
     d.   odiaba a sus hijas.

---

[15] **Llevaba treinta años de verdugo** He has been an executioner for thirty years
[16] **de manejar mal la hoja** of improper handling of the blade (guillotine)
[17] **con el fin de** with the purpose of
[18] **más asesino que los que embarcaba en la huesa con pasaje definitivo** he was more of an assassin than those whom he sent to their grave forever
[19] **de su puño y letra** with his own handwriting
[20] **con los ojos saltados en el garrote** with its eyes distended in the garrote (form of execution by strangulation)

2. Los sábados por la tarde el hombre
   a. dormía.
   b. salía a comer con los desarrapados.
   c. jugaba con los golfos.
   d. les leía novelas a sus hijas.
3. Un periodista llamó al hombre
   a. sadista.
   b. garrote.
   c. ministro de Justicia.
   d. cabeza recién guillotinada.
4. El hombre era
   a. muy liberal.
   b. muy conservador.
   c. muy piadoso.
   d. muy preciado por toda la gente.
5. En el rincón de la esquina había
   a. una escuela.
   b. un jardín bellísimo.
   c. una bodeguita.
   d. un cañón grande.
6. El hombre se afeitaba con
   a. un cuchillo eléctrico.
   b. una taza eléctrica.
   c. una navaja eléctrica.
   d. un cordón eléctrico.
7. El hombre se miró la cara en
   a. el espejo.
   b. la taza del inodoro.
   c. el agua.
   d. el enchufe.
8. Al hombre le gustaba mucho leer
   a. libros de historia.
   b. novelas filosóficas.
   c. biografías de grandes compositores románticos.
   d. novelas rosas.

9. El hombre era
    a. de gran estatura.
    b. muy gordo y simpático.
    c. de figura escuálida.
    d. rubio y feo.
10. Cuando el hombre murió
    a. su cabeza estaba sumergida en la taza del inodoro.
    b. estaba acostado en el sofá.
    c. estaba guillotinando a un verdugo.
    d. estaba cargando una cabeza por los pelos.

B. Cuestionario

1. ¿Cómo era la figura del hombre?
2. ¿Con quién vivía?
3. ¿Cuántas hijas tenía?
4. ¿Cuál era la manera principal de educación de las hijas?
5. ¿Qué le pedían las hijas al padre antes de irse a dormir?
6. ¿Cuál era el oficio del hombre?
7. ¿Le gustaba su oficio? Explique.
8. ¿Cómo lo llamó un periodista?
9. ¿De qué lo acusaron las familias de los guillotinados?
10. ¿Cómo murió el hombre?

C. Discusión y opiniones

1. Por un lado el hombre amaba a los niños y rezaba, por otro era un sádico y torturaba a sus víctimas. ¿Cómo explica Ud. esta actitud?
2. ¿Cómo cree Ud. que las hijas y la esposa viven en relación a sus vecinos? Explique.
3. ¿Cómo juzga Ud. la manera de morir del verdugo?
4. ¿Esperaba Ud. este final? Explique.
5. ¿Por qué cree Ud. que Sánchez-Boudy dividió el cuento en cuatro partes?
6. La primera oración del cuento es «Amaba a los niños». ¿Qué clase de persona esperaba Ud. encontrar en este cuento?

D. *Repaso gramatical (el imperfecto del subjuntivo)*

Combine each sentence with the following clause, then change the underlined verb to the past subjunctive.

1. El hombre <u>amaba</u> a los niños.
   Su madre le dijo que…
2. Los vecinos <u>montaban</u> en colera.
   Los niños hacían que…
3. <u>Había</u> tantas novelucas en su casa.
   Ella no deseaba que…
4. Las hijas <u>leían</u> novelas rosas.
   El permitía que…
5. El hombre <u>paseaba</u> con su mujer.
   Ellos querían que…
6. <u>Faltaba</u> gente aristocrática.
   Al hombre no le gustaba que…
7. El les <u>daba</u> la bendición.
   Sus hijas le pedían que…
8. El <u>se afeitaba</u> con una navaja eléctrica.
   A su mujer le gustaba que…
9. El hombre <u>compraba</u> caramelos en la bodega.
   Los niños querían que…
10. Las hijas <u>comían</u> los caramelos.
    Al padre le gustaba que…

11

El ramo azul

OCTAVIO PAZ

The literary success of the 1990 Nobel laureate, Octavio Paz (b. 1914), started relatively early in his career. It began with the pub-lication of his poetry in the Mexican magazine Barandal *in 1931. His early book,* ¡No pasarán! *(1937), was the outgrowth of a trip to Spain at the time of the Spanish Civil War. Soon after, he finished his work at the National University of Mexico and received a Guggenheim schol-arship to study poetry in the United States.*

In the late 1940s Paz entered the Mexican foreign service. His diplomatic career reached a high point when he was named ambas-sador to India in 1962. However, he resigned from that position in 1968 in protest of the violent actions taken by the Mexican government against student demonstrations in Mexico City. Since then, Octavio Paz has held a number of appointments as visiting professor at uni-versities in the United States and England, among them Harvard University and Cambridge University.

His best known poem and probably the one that best expresses the essence of his thinking is "Piedra de sol," a work that takes its title and circular form from the Aztec calendar stone. Among students and teachers of the United States, however, Paz may be better known for his prose. There is scarcely an anthology of Spanish American litera-ture without a selection from his essay on Mexican reality, El laberin-to de la soledad, *first published in 1950. It presents the author's penetrating insights into the culture and history of Mexico. Through* El laberinto *Paz examines the Mexican preoccupations with death, fiestas, machismo, and other phenomena that often make Mexico seem unique and complicated.*

Short stories do not constitute a major portion of the literary work of Octavio Paz. Nevertheless, "El ramo azul" serves well as an example of the genre. In it the author combines rich imagery with the elements of mystery and suspense to create in his readers a sense of having opened the door on an unexpectedly frightening dimension of reality.

Antes de leer

Vocabulario

Sustantivos

el ladrillo   brick
la palangana   washbowl
el trapo   rag
la jarra   pitcher
la pestaña   eyelash
el párpado   eyelid
la hamaca   hammock
la toalla   towel
el sudor   sweat

Adjetivos

tuerto(a)   one-eyed
grisáceo(a)   grayish
empedrado(a)   paved with cobblestones
amarillento(a)   yellowish
ciego(a)   blind
oscuro(a)   dark

From the vocabulary list choose the word that best fits the description of each statement.

a.   Se necesita para secar agua o sudor.
b.   Cubre los ojos.
c.   Sirve para construir casas y muros.
d   Muchas veces se usa para dormir afuera cuando hace calor.
e.   Es el resultado de la transpiración.
f.   Es el nombre que se le da a un animal o a una persona con un solo ojo.
g.   Es un pedazo de tela que sirve para secar líquido o limpiar algo sucio.
h.   Los pelitos que protegen los ojos del polvo.
i.   Es un objeto que se usa para servir agua o un refresco.
j.   Sirve para contener agua para lavarse o lavar algo.

Give the infinitive form of a verb that relates to each of the following words.

MODELO: Sudor **transpirar**   párpado **cubrir**

ladrillo _____   palangana _____

trapo _____   jarra _____

pestaña _____   hamaca _____

toalla _____   tuerto _____

Cross out the word that does not belong.

a.	piso	ladrillo	sudor	habitación
b.	rostro	palangana	espalda	pierna
c.	ojo	párpado	jarro	pestaña
d.	hamaca	bicho	alacrán	grillo
e.	oscuro	noche	sombra	ramo
f.	ciego	brilla	chispa	luminoso
g.	luna	estrella	cielo	escalera
h.	toalla	trapo	ropa	tuerto
i.	blancura	grisácea	amarillento	despacio
j.	frase	empedrada	palabra	sílaba

Temas de orientación

1. ¿Tiene Ud. miedo de andar solo(a) por la calle en noches oscuras? Explique.
2. ¿Qué haría Ud. en caso de ser detenido(a) de noche por una persona armada, estando Ud. solo(a)?
3. ¿Le ha enviado Ud. alguna vez a alguien un ramo? ¿De qué era?
4. ¿Ha recibido Ud. alguna vez un ramo? ¿Cuál fue la ocasión?

El Ramo azul

Desperté, cubierto de sudor. Del piso de ladrillos rojos, recién regado, subía un vapor caliente. Una mariposa de alas grisáceas revoloteaba encandilada alrededor del foco amarillento. Salté de la hamaca y descalzo atravesé el cuarto, cuidando no pisar algún alacrán salido de su escondrijo a tomar el fresco.[1] Me acerqué al ventanillo y aspiré el aire del campo. Se oía la respiración de la noche, enorme, femenina. Regresé al centro de la habitación, vacié el agua de la jarra en la palangana de peltre[2] y humedecí la toalla. Me froté el torso y las piernas con el trapo empapado, me sequé un poco y, tras de cerciorarme que ningún bicho estaba escondido entre los pliegues de mi ropa, me vestí y calcé. Bajé saltando la escalera pintada de verde. En la puerta del mesón tropecé con el dueño, sujeto tuerto y reticente.[3] Sentado en una sillita de tule, fumaba con el ojo estremecido. Con voz ronca me preguntó:

—¿Onde va, señor?[4]

—A dar una vuelta. Hace mucho calor.

—Hum, todo está ya cerrado. Y no hay alumbrado aquí. Más le valiera quedarse.[5]

Alcé los hombros, musité "ahora vuelvo" y me metí en lo oscuro.[6] Al principio no veía nada. Caminé a tientas[7] por la calle empedrada. Encendí un cigarrillo. De pronto salió la luna de una nube negra, iluminando un muro blanco, desmoronado a trechos.[8] Me detuve, ciego ante tanta blancura. Sopló un poco de viento. Respiré el aire de los tamarindos. Vibraba la noche, llena de hojas e insectos. Los grillos vivaqueaban entre las hierbas altas. Alcé la cara: arriba también habían establecido campamento las estrellas. Pensé que el universo era un vasto sistema de señales, una conversación entre seres inmensos. Mis actos, el serrucho[9] del grillo, el parpadeo de la estrella, no eran sino pausas y sílabas, frases dispersas de aquel diálogo. ¿Cuál sería esa palabra de la cual yo era una sílaba? ¿Quién dice esa palabra y a quién se la dice? Tiré el cigarrillo sobre la banqueta. Al caer, describió una curva luminosa, arrojando breves chispas, como un cometa minúsculo.

Caminé largo rato, despacio. Me sentía libre, seguro entre los labios que en ese momento me pronunciaban con tanta felicidad. La noche era un jardín de ojos. Al cruzar una calle, sentí que alguien se

---

[1] **tomar el fresco** to get a breath of fresh air

[2] **la palangana de peltre** the pewter washbowl

[3] **sujeto tuerto y reticente** a one-eyed and deceptive-looking individual

[4] **¿Onde va, señor?** Where are you going, sir?

[5] **Más le valiera quedarse.** It would be better for you to stay.

[6] **me metí en lo oscuro** I ventured into the darkness

[7] **Caminé a tientas** I walked fumblingly

[8] **desmoronado a trechos** crumbling and falling in some places

[9] **el serrucho** the sawing sound

desprendía de una puerta. Me volví[10], pero no acerté a distinguir nada. Apreté el paso.[11] Unos instantes después percibí el apagado rumor de unos huaraches sobre las piedras calientes. No quise volverme, aunque sentía que la sombra se acercaba cada vez más. Intenté correr. No pude. Me detuve en seco,[12] bruscamente. Antes de que pudiese defenderme, sentí la punta de un cuchillo en mi espalda y una voz dulce:

—No se mueva, señor, o se lo entierro.

Sin volver la cara, pregunté:

—¿Qué quieres?

—Sus ojos, señor —contestó la voz, suave, casi apenada.

—¿Mis ojos? ¿Para qué te servirán mis ojos? Mira, aquí tengo un poco de dinero. No es mucho, pero es algo. Te daré todo lo que tengo, si me dejas. No vayas a matarme.

—No tenga miedo, señor. No lo mataré. Nada más voy a sacarle los ojos.

Volví a preguntar:

—Pero, ¿para qué quieres mis ojos?

—Es un capricho de mi novia. Quiere un ramito de ojos azules. Y por aquí hay pocos que los tengan.

—Mis ojos no te sirven. No son azules, sino amarillos.

—Ay, señor, no quiera engañarme. Bien sé que los tiene azules.

—No se le sacan a un cristiano los ojos así. Te daré otra cosa.

—No se haga el remilgoso —me dijo con dureza—. Dé la vuelta.

Me volví. Era pequeño y frágil. El sombrero de palma le cubría medio rostro. Sostenía con el brazo derecho un machete de campo, que brillaba con la luz de la luna.

—Alúmbrese la cara.

Encendí y me acerqué la llama al rostro. El resplandor me hizo entrecerrar los ojos. Él apartó mis párpados con mano firme. No podía ver bien. Se alzó sobre las puntas de los pies y me contempló intensamente. La llama me quemaba los dedos. La arrojé. Permaneció un instante silencioso.

—¿Ya te convenciste? No los tengo azules.

—Ah, qué mañoso es usted —respondió—. A ver, encienda otra vez.

Froté otro fósforo y lo acerqué a mis ojos. Tirándome de la manga, me ordenó:

---

[10] **Me volví** I turned around   [12] **Me detuve en seco** I stopped dead still
[11] **Apreté el paso**   I walked faster

—Arrodíllese.

Me hinqué.[13] Con una mano me cogió por los cabellos, echándome la cabeza hacia atrás. Se inclinó sobre mí, curioso y tenso, mientras el machete descendía lentamente hasta rozar mis párpados. Cerré los ojos.

—Ábralos bien —ordenó,

Abrí los ojos. La llamita me quemaba las pestañas. Me soltó de improviso.

—Pues no son azules, señor. Dispense.[14]

Y desapareció. Me acodé junto al muro, con la cabeza entre las manos. Luego me incorporé. A tropezones,[15] cayendo y levantándome, corrí durante una hora por el pueblo desierto. Cuando llegué a la plaza, vi al dueño del mesón, sentado aún frente a la puerta. Entré sin decir palabra. Al día siguiente huí de aquel pueblo.

ȝ⭒ȝ⭒ȝ⭒ȝ

ℰjercicos

A. Comprensión inmediata

Indicate whether the following statements are true or false according to the story. If a statement is false, explain why and give the correct answer.

1. La persona que narra este cuento es una mujer.
2. Al despertarse el narrador tenía mucho frío.
3. El narrador no dormía en una cama sino en una hamaca.
4. Al despertarse el narrador preparó el desayuno en una palangana.
5. El dueño del mesón le aconsejó al narrador que no saliera a dar una vuelta.
6. El narrador al dar la vuelta no vio nada ni oyó nada.
7. En el camino el narrador fue detenido por un hombre.
8. El hombre quería el dinero del narrador.

---

[13] **Me hinqué.** I knelt down.
[14] **Dispense.** Excuse me.

[15] **A tropezones** Stumbling wildly

9. El narrador le quemó las pestañas al hombre y pudo escaparse.
10. Cuando el hombre vio que sus ojos no eran azules, dijo «dispense» y desapareció.

B. Cuestionario

1. ¿Cómo estaba el narrador al despertarse?
2. ¿Qué hizo el narrador al levantarse?
3. ¿Qué frase indica que el narrador personificó la noche?
4. ¿Por qué el narrador examinó su ropa antes de ponérsela?
5. ¿Con quién tropezó al bajar la escalera?
6. Según el dueño, ¿por qué valía más quedarse y no dar una vuelta?
7. ¿Qué elementos vio y oyó el narrador en la noche?
8. ¿Qué pensó del universo?
9. ¿Qué puso el hombre en la espalda del narrador?
10. ¿Qué quería el hombre del narrador?
11. ¿Para qué necesitaba el hombre los ojos azules?
12. Describa Ud. al hombre del cuchillo.
13. ¿Por qué le mandó al narrador que se arrodillara?
14. ¿Le sacó los ojos al final? ¿Por qué?
15. Describa Ud. cómo volvió el narrador al mesón.
16. ¿Qué hizo al día siguiente?

C. Discusión y opiniones

1. ¿Cree Ud. que el mesón era de primera categoría o de categoría muy pobre? ¿Para qué sirve el dueño del mesón en este cuento? Explique Ud. sus respuestas.
2. ¿Qué parte de este cuento le impresionó más a Ud. y por qué?
3. ¿Qué impresión le causó a Ud. el título con relación al ramo que la novia pedía?
4. ¿Cómo explica Ud. este episodio tan raro en la vida del narrador? ¿Es real?
5. Analice Ud. el lenguaje (las palabras y las imágenes) que usa Octavio Paz al describir la noche. ¿Cómo ve él la noche? ¿Tiene un significado especial para el autor? Explique sus respuestas.
6. Comente Ud. el efecto de estar solo en la noche. ¿Es nuestra actitud distinta en la oscuridad de la noche que en la luz del día? ¿Por qué?

D. Repaso gramatical (el participio pasado)

Write the past participle for each of the following verbs.

cubrir	cerrar
pintar	empedrar
salir	desmoronar
empapar	apagar
sentar	estremecer

Now complete each sentence with the correct form of the appropriate past participle from the list

1. El dueño del mesón estaba _____ frente a la puerta.
2. El narrador no vio que los alacranes hubieran _____ de sus escondrijos.
3. El hombre se frotó el torso y las piernas con una toalla _____ de agua.
4. El hombre se despertó _____ de sudor.
5. El narrador caminó por las calles _____ del pueblo.
6. El muro _____ era blanco.
7. Las luces en la calle estaban _____.
8. El hombre no tenía los ojos _____.
9. Las paredes de la escalera estaban _____ de verde.
10. El dueño tuerto fumaba con el ojo _____.

12

Walimai

ISABEL ALLENDE

During the 1960s a group of Latin American authors enjoyed an unheard-of rise in international popularity. This phenomenon inspired the coining of a new term, "El Boom."

Isabel Allende, a Chilean writer born in Peru in 1942, is too young to be a member of that group. However, she is regularly credited with assimilating into her literary style many of the innovative techniques made popular by writers of the Boom generation.

Magical realism, the combining of fantasy elements with straight-forwardly narrated historical facts, is one of the techniques most frequently observed in her work, especially in her first novel, La casa de los espíritus. *Her critics regularly link this work with* Cien años de soledad *by Gabriel García Márquez. Their similarity comes from the fact that both novels reflect the use of magical realism and both examine the evolution of a single family across several generations.*

Such comparisons appear to take the focus away from the fact that Allende's novel is different and unique in its own right. Its obvious strengths lie in the author's talent for paralleling the Trueba family's evolvement with recognizable political events in Chile's recent history and, moreover, her superb development of four generations of female characters who reflect traits of intelligence, endurance, integrity and compassion. In spite of the use of the family patriarch, Esteban Trueba, as the focal point of the narrative, it is the female characters who live, breathe, suffer and rejoice in this very successful and popular novel, published in 1982.

Isabel Allende's career as a writer began early. By age 17 she had begun writing as a journalist. From 1967 to 1974 she worked for Paula, *a woman's magazine in Santiago de Chile.*

Allende's journalistic work was interrupted when she and her family left Chile to live in Caracas, Venezuela, a move brought about by the death of her uncle, Chilean President Salvador Allende, whose left-wing government was overthrown by a military coup in 1973.

During this time of exile in Caracas, Allende tells of her frustration at being unable to find a job similar to the one she had had in Santiago: "I could not find a job of the type I had before, and for a long time that torrent of words stayed inside me. For years I felt paralyzed, as most exiles do at the beginning, but finally in 1981 I took a sheet of paper and began a long letter to my grandfather, which later became a novel." This act, according to Allende, marks the beginning of her career as a novelist.

Allende's second novel, De amor y de sombra *(1984), is based on a political massacre that took place in Chile during the military coup. Her two subsequent works,* Eva Luna *(1987) and* Cuentos de Eva Luna *(1989), both move their focus away from political tragedy in order to concentrate on story telling from a female point of view.*

Since moving to San Francisco, California, in the late 1980s, Allende has published two more books, El plan infinito *(1991), which begins its development in California during the time of the Vietnam war, and* Paula *(1994), the story of the author's personal loss and suffering at the illness and death of her daughter.*

The story we have selected, "Walimai," comes from Los cuentos de Eva Luna. *It is a poignant tale of suffering, told by an Indian who sees his people victimized by the ever-growing presence of white men in his country. Allende creates reality as interpreted by her Indian narrator, which helps us feel compassion for his difficulties and for the tragedy of a young woman he befriends.*

Antes de leer

Vocabulario

Sustantivos

la fuerza   strength
la facilidad   ease
el extranjero   foreigner
la sabiduría   wisdom
el bosque   woods
el suegro   father-in-law

Adjetivos

joven   young
alguno   someone
hediondo   stinking
empapado   drenched

Verbos

morir   to die
recordar   to remember
empujar   to push
recorrer   to travel
trepar   to climb

Expresiones

querer decir   to mean
tener cuidado   to be careful
al principio   at the beginning
dar el gusto   to please
de sol a sol   from sunrise to sunset
en vez de   instead of

From the list above find the antonyms for each of the following words and expressions.

a. debilidad
b. arrastrar
c. bajar
d. olvidar

e. seco
f. vivir
g. ignorancia
h. ninguno

i. toda la noche
j. al final
k. viejo

In the space write the word or expression from the list above that fits the definition.

1. Una persona que vive en un país que no es suyo.   _____
2. El tiempo desde el amanecer hasta el anochecer.   _____
3. Tratar con fuerza a alguien o algo para que se siga moviendo hacia alguna dirección.   _____
4. Un lugar con muchos árboles, pájaros y otros animales.   _____
5. El padre de la esposa.   _____
6. Dejar de existir.   _____
7. Subir árboles o paredes.   _____
8. Hacer contenta a una persona.   _____
9. Alguien que tiene pocos años, de poca edad.   _____
10. Algo que tiene muy mal olor.   _____

Temas de orientación

1. ¿Cree Ud. que la llegada de los europeos a América ha afectado favorablemente o desfavorablemente a los nativos? Explique su respuesta.
2. Describa Ud. un bosque que Ud. vio en TV, en video, en pintura o personalmente.

3.   ¿Hay gente que vive en el bosque? ¿Qué clase de gente es?
4.   Muchos hombres trabajan en la selva. ¿Qué hacen?

Walimai (primera parte)

El nombre que me dio mi padre es Walimai, que en la lengua de nuestros hermanos del norte quiere decir[1] viento. Puedo contártelo, porque ahora eres como mi propia hija y tienes mi permiso para nombrarme, aunque sólo cuando estemos en familia. Se debe tener mucho cuidado[2] con los nombres de las personas y de los seres vivos, porque al pronunciarlos se toca su corazón y entramos dentro de su fuerza vital. Así nos saludamos como parientes de sangre.[3] No entiendo la facilidad de los extranjeros para llamarse unos a otros sin asomo de temor, lo cual no sólo es una falta de respeto, también puede ocasionar graves peligros. He notado que esas personas hablan con la mayor liviandad, sin tener en cuenta[4] que hablar es también ser. El gesto y la palabra son el pensamiento del hombre. No se debe hablar en vano, eso le he enseñado a mis hijos, pero mis consejos no siempre se escuchan. Antiguamente los tabúes y las tradiciones eran respetados. Mis abuelos y los abuelos de mis abuelos recibieron de sus abuelos los conocimientos necesarios. Nada cambiaba para ellos. Un hombre con una buena enseñanza podía recordar cada una de las enseñanzas recibidas y así sabía cómo actuar en todo momento. Pero luego vinieron los extranjeros hablando contra la sabiduría de los ancianos y empujándonos fuera de nuestra tierra. Nos internamos cada vez más adentro de la selva, pero ellos siempre nos alcanzan, a veces tardan años, pero finalmente llegan de nuevo[5] y entonces nosotros debemos destruir los sembrados, echarnos a la espalda los niños, atar los animales y partir. Así ha sido desde que me acuerdo:[6] dejar todo y echar a correr como ratones y no como grandes guerreros y los dioses que poblaron este territorio en la antigüedad. Algunos jóvenes tienen curiosidad[7] por los blancos y mientras nosotros viajamos hacia lo

---

[1] **quiere decir** it means
[2] **tener mucho cuidado** to be very careful
[3] **parientes de sangre** blood related relatives
[4] **tener en cuenta** to bear or keep in mind

[5] **llegan de nuevo** come again
[6] **desde que me acuerdo** as far (back) as I can remember
[7] **tienen curiosidad** their curiosity is piqued

profundo del bosque[8] para seguir viviendo como nuestros antepasados, otros emprenden el camino contrario. Consideramos a los que se van[9] como si estuvieran muertos, porque muy pocos regresan y quienes lo hacen[10] han cambiado tanto que no podemos reconocerlos como parientes.

Dicen que en los años anteriores a mi venida al mundo no nacieron suficientes hembras en nuestro pueblo y por eso mi padre tuvo que recorrer largos caminos para buscar esposa en otra tribu. Viajó por los bosques, siguiendo las indicaciones de otros que recorrieron esa ruta con anterioridad[11] por la misma razón, y que volvieron con mujeres forasteras. Después de mucho tiempo, cuando mi padre ya comenzaba a perder la esperanza de encontrar compañera, vio a una muchacha al pie de una alta cascada, un río que caía del cielo. Sin acercarse demasiado, para no espantarla, le habló en el tono que usan los cazadores para tranquilizar a su presa, y le explicó su necesidad de casarse. Ella le hizo señas[12] para que se aproximara, lo observó sin disimulo y debe haberle complacido el aspecto del viajero, porque decidió que la idea del matrimonio no era del todo descabellada.[13] Mi padre tuvo que trabajar para su suegro hasta pagarle el valor de la mujer. Después de cumplir con los ritos de la boda, los dos hicieron el viaje de regreso[14] a nuestra aldea.

Yo crecí con mis hermanos bajo los árboles, sin ver nunca el sol. A veces caía un árbol herido y quedaba un hueco en la cúpula profunda del bosque, entonces veíamos el ojo azul del cielo. Mis padres me contaron cuentos, me cantaron canciones y me enseñaron lo que deben saber los hombres para sobrevivir sin ayuda, sólo con su arco y sus flechas. De este modo[15] fui libre. Nosotros, los Hijos de la Luna, no podemos vivir sin libertad. Cuando nos encierran entre paredes o barrotes nos volcamos hacia adentro, nos ponemos ciegos y sordos[16] y en pocos días el espíritu se nos despega de los huesos del pecho y nos abandona. A veces nos volvemos como animales miserables,[17] pero casi siempre preferimos morir. Por eso nuestras casas no tienen muros, sólo un techo inclinado para detener el viento y desviar la lluvia, bajo

---

[8] **lo profundo del bosque** the deepest part of the forest
[9] **los que se van** those who leave
[10] **quienes lo hacen** those who (do it) return
[11] **con anterioridad** before
[12] **le hizo señas** she gestured to him

[13] **del todo descabellada** totally absurd
[14] **viaje de regreso** return trip
[15] **de este modo** thus, in this way
[16] **nos ponemos ciegos y sordos** we become blind and deaf
[17] **a veces nos volvemos como animales miserables** Sometimes we become like miserable animals

el cual colgamos nuestras hamacas muy juntas, porque nos gusta escuchar los sueños de las mujeres y los niños y sentir el aliento de los monos, los perros y las lapas, que duermen bajo el mismo alero. Los primeros tiempos[18] viví en la selva sin saber que existía mundo más allá de[19] los acantilados y los ríos. En algunas ocasiones vinieron amigos visitantes de otras tribus y nos contaron rumores de Boa Vista y de El Platanal, de los extranjeros y sus costumbres, pero creíamos que eran sólo cuentos para hacer reír.[20] Me hice hombre[21] y llegó mi turno de conseguir una esposa, pero decidí esperar porque prefería andar con los solteros, éramos alegres y nos divertíamos. Sin embargo,[22] yo no podía dedicarme al juego y al descanso como otros, porque mi familia es numerosa: hermanos, primos, sobrinos, varias bocas que alimentar, mucho trabajo para un cazador.

Un día llegó un grupo de hombres pálidos a nuestra aldea. Cazaban con pólvora, desde lejos, sin destreza ni valor, eran incapaces de trepar a un árbol o de clavar un pez con una lanza en el agua, apenas podían moverse en la selva, siempre enredados en sus mochilas, sus armas y hasta en sus propios pies. No se vestían de aire,[23] como nosotros, sino que tenían unas ropas empapadas y hediondas, eran sucios y no conocían las reglas de la decencia, pero estaban empeñados en hablarnos de sus conocimientos y de sus dioses. Los comparamos con lo que nos habían contado sobre los blancos y comprobamos la verdad de esos chismes. Pronto nos enteramos que éstos no eran misioneros, soldados ni recolectores de caucho, estaban locos, querían la tierra y llevarse la madera, también buscaban piedras. Les explicamos que la selva no se puede cargar a la espalda y transportar como un pájaro muerto, pero no quisieron escuchar razones. Se instalaron cerca de nuestra aldea. Cada uno de ellos era como un viento de catástrofe, destruía a su paso todo lo que tocaba, dejaba un rastro de desperdicio, molestaba a los animales y a las personas. Al principio[24] cumplimos con las reglas de la cortesía y les dimos el gusto,[25] porque eran nuestros huéspedes, pero ellos no estaban satisfechos con nada, siempre querían más, hasta que, cansados de esos juegos, iniciamos la guerra con todas las ceremonias habituales. No son buenos guerreros,

---

[18] **los primeros tiempos** in the early part of my life
[19] **más allá de** beyond
[20] **para hacer reír** to make one laugh
[21] **me hice hombre** I became a man

[22] **sin embargo** however
[23] **no se vestían de aire** they were not naked
[24] **al principio** at the beginning
[25] **les dimos el gusto** we pleased (humored) them

se asustan con facilidad[26] y tienen los huesos blandos.[27] No resistieron los garrotazos que les dimos en la cabeza. Después de eso abandonamos la aldea y nos fuimos hacia el este, donde el bosque es impenetrable, viajando grandes trechos por las copas de los árboles para que no nos alcanzaran sus compañeros. Nos había llegado la noticia de que son vengativos y que por cada uno de ellos que muere, aunque sea en una batalla limpia, son capaces de eliminar a toda una tribu incluyendo a los niños. Descubrimos un lugar donde establecer otra aldea. No era tan bueno, las mujeres debían caminar horas para buscar agua limpia, pero allí nos quedamos porque creímos que nadie nos buscaría tan lejos. Al cabo de[28] un año, en una ocasión en que tuve que alejarme mucho siguiendo la pista de un puma, me acerqué demasiado a un campamento de soldados. Yo estaba fatigado y no había comido en varios días, por eso mi entendimiento estaba aturdido. En vez de dar media vuelta[29] cuando percibí la presencia de los soldados extranjeros, me eché a descansar.[30] Me cogieron los soldados. Sin embargo no mencionaron los garrotazos propinados a los otros, en realidad no me preguntaron nada, tal vez no conocían a esas personas o no sabían que yo soy Walimai. Me llevaron a trabajar con los caucheros, donde había muchos hombres de otras tribus, a quienes habían vestido con pantalones y obligaban a trabajar, sin considerar para nada sus deseos. El caucho requiere mucha dedicación y no había suficiente gente por esos lados,[31] por eso debían traernos a la fuerza. Ése fue un período sin libertad y no quiero hablar de ello. Me quedé solo para ver si aprendía algo, pero desde el principio[32] supe que iba a regresar donde los míos.[33] Nadie puede retener por mucho tiempo a un guerrero contra su voluntad.

Se trabajaba de sol a sol,[34] algunos sangrando a los árboles para quitarles gota a gota la vida, otros cocinando el líquido recogido para espesarlo y convertirlo en grandes bolas. El aire libre[35] estaba enfermo con el olor de la goma quemada y el aire en los dormitorios comunes lo estaba[36] con el sudor de los hombres. En ese lugar nunca pude respirar a fondo. Nos daban de comer maíz, plátano y el extraño

---

[26] **con facilidad** easily
[27] **tienen los huesos blandos** they are cowards
[28] **al cabo de** at the end of
[29] **en vez de dar media vuelta** instead of returning
[30] **me eché a descansar** I lay down to rest
[31] **por esos lados** there, in those places

[32] **desde el principio** from the beginning
[33] **donde los míos** where my relatives (people) were
[34] **se trabajaba de sol a sol** one worked from sunrise to sunset
[35] **el aire libre** the outdoors
[36] **lo estaba** was also sick

contenido de unas latas, que jamás probé porque nada bueno para los humanos puede crecer en unos tarros. En un extremo del campamento habían instalado una choza grande donde mantenían a las mujeres. Después de dos semanas trabajando con el caucho, el capataz me entregó un trozo de papel y me mandó donde ellas. También me dio una taza de licor, que yo volqué en el suelo, porque he visto cómo esa agua destruye la prudencia. Hice la fila,[37] con todos los demás. Yo era el último y cuando me tocó entrar[38] en la choza, el sol ya se había puesto y comenzaba la noche, con su estrépito de sapos y loros.

Ejercicios

A. Comprensión inmediata

Indicate whether the following statements are true or false. If a statement is false, explain why and give the correct answer.

1. El narrador de este cuento pertenece a los Hijos de la Luna.
2. El abuelo del narrador le dio el nombre Walimai.
3. Walimai Viajó mucho en su país.
4. Walimai cree que es buena práctica llamar a las personas por su nombre como hacen los extranjeros.
5. Los abuelos de Walimai recibieron su conocimiento en la escuela de los extranjeros.
6. Cuando llegaban los blancos, los indios destruían sus propios sembrados y huían hacia más adentro de la selva.
7. Los blancos que llegaban a la selva querían ayudar a los indios y proteger los animales.
8. El padre de Walimai se casó con una mujer de otra tribu por falta de mujeres en su tribu.
9. El padre de Walimai tuvo que trabajar para su suegro hasta pagarle el valor de la mujer.
10. Cuando los Hijos de la Luna pierden su libertad prefieren morir.

---

[37] **hice la fila** I got in line   [38] **me tocó entrar** It was my turn to go in

B. Cuestionario

1. ¿Qué quiere decir el nombre Walimai?
2. ¿Quién cuenta la historia un hombre o una mujer? Explique.
3. ¿Qué considera la tribu de Walimai como falta de respeto?
4. ¿Qué elementos constituyen el pensamiento del hombre?
5. ¿Quiénes hablaron contra la sabiduría de los ancianos, y qué hicieron con los indios?
6. ¿Donde creció Walimai? ¿Cómo se vestía, y qué clase de casa tenía?
7. ¿Como describe Walimai a los blancos?
8. ¿Qué le pasó a Walimai un día?
9. ¿A dónde llevaron a Walimai?
10. ¿Qué hizo Walimai con el licor? ¿Por qué?

C. Discusión y opiniones

1. ¿Qué opina Ud. del concepto que tiene la tribu de Walimai de nombrar a las personas?
2. ¿Cree Ud. que Walimai es objetivo o subjetivo en su evaluación del blanco y el indio? Explique.
3. Al leer la primera parte del cuento, ¿simpatiza Ud. con el indio o con el blanco?
4. ¿Le enseñaría Ud. a su hijo algunas de las enseñanzas de los indígenas?
5. Basándose en lo que dice Walimai, si Ud. tuviera que escoger entre el blanco y el indio, ¿a quién escogería? Explique.

D. Repaso gramatical (verbos reflexivos)

Taking into account the plot of the story, complete the sentences with the present, imperfect or preterite forms of the appropriate verbs from the following list.

acercarse	enterarse	volcarse
echarse	quedarse	internarse
volverse	vestirse	ponerse

1. _____ cada vez más dentro de la selva.
2. Cuando nos encierran entre paredes y barrotes _____ hacia adentro, y _____ ciegos y sordos.
3. Ellos no _____ de aire, como nosotros.

4. A veces _____ como animales miserables.
5. Pronto _____ que éstos no eran misioneros, ni soldados ni recolectores de caucho.
6. Allí _____ porque creíamos que nadie nos buscaría tan lejos.
7. En una ocasión en que tuve que alejarme mucho siguiendo la pista de un puma, _____ demasiado a un campamento de soldados.

Antes de leer

Vocabulario

Sustantivos

el sorbo sip
la lengua language
la madera wood
el pecho chest
el cuello neck
el tobillo ankle
el cuchillo knife
la flecha arrow
el dolor pain
el difunto dead person
el alimento food
la presa prey, catch

Verbos

ayunar to fast
crecer to grow
soñar to dream
limpiar to clean
lavar to wash
bañar to bathe
matar to kill
morir to die
nutrir to feed

Adjetivos

desnudo(a) naked
enfermo(a) sick
dulce sweet
mojado(a) wet

Expresiones

en cuclillas squatting
perder el aliento stop breathing
abrir paso to open a path

From the list on the previous page, find the word that fits the definition and write it in the space provided.

1. una persona que no lleva nada de ropa _____
2. un medio de comunicación _____
3. muy poca cantidad de líquido que uno toma _____
4. cuando uno está bien dormido y ve muchas cosas _____
5. cuando un ser vivo se pone de tamaño más grande _____
6. cuando uno se sienta con las rodillas dobladas sin que el resto del cuerpo toque el piso o el suelo _____
7. cuando uno ya no puede respirar más _____
8. tratar de hacer camino entre mucha gente o entre vegetación muy espesa _____
9. el que sufre de problemas de mala salud _____
10. se usa para fabricar muebles _____

Cross out the word that does not belong and explain why.

1. pecho	carbón	cuello	tobillo
2. espiritual	etéreo	seguro	liviano
3. madera	selva	desnuda	árboles
4. alimentar	lavar	limpiar	bañar
5. tribu	piedrecita	hombre	mujer
6. cuchillo	sorbo	flecha	machete
7. enferma	dolor	vomitar	crecer
8. matar	morir	soñar	difunto
9. comer	nutrir	ayunar	alimentar
10. carne	presa	músculo	nombre

Temas de orientación

1. ¿Qué cree Ud. que le pasa a uno después de morir?
2. ¿Cree Ud. que el espíritu de los muertos entra en las personas vivas?
3. Si Ud., sin intención, le hace daño a alguien, ¿cómo se siente Ud. después y qué hace?

‹§◊›‹§‹◊›‹§‹◊›‹§‹◊›‹§

Walimai (segunda parte)

Ella era de la tribu de los Ila, los de corazón dulce, de donde vienen las muchachas más delicadas. Algunos hombres viajan durante meses para acercarse a los Ila, les llevan regalos y cazan para ellos, en la esperanza de conseguir una de sus mujeres. Yo la reconocí a pesar de su aspecto de lagarto, porque mi madre también era una Ila. Estaba desnuda sobre un petate, atada por el tobillo con una cadena fija en el suelo, aletargada, como si hubiera aspirado por la nariz el «yopo» de la acacia, tenía el olor de los perros enfermos y estaba mojada por el rocío de todos los hombres que estuvieron sobre ella antes que yo. Era del tamaño de un niño de pocos años, sus huesos sonaban como piedrecitas en el río. Las mujeres Ila se quitan todos los vellos del cuerpo, hasta las pestañas, se adornan las orejas con plumas y flores, se atraviesan palos pulidos en las mejillas y la nariz,[1] se pintan dibujos en todo el cuerpo con los colores rojo del onoto, morado de la palmera y negro del carbón. Pero ella ya no tenía nada de eso. Dejé mi machete en el suelo y la saludé como hermana, imitando algunos cantos de pájaros y el ruido de los ríos. Ella no respondió. Le golpeé con fuerza el pecho, para ver si su espíritu resonaba entre las costillas, pero no hubo eco, su alma estaba muy débil y no podía contestarme. En cuclillas a su lado[2] le di de beber un poco de agua y le hablé en la lengua de mi madre. Ella abrió los ojos y miró largamente. Comprendí.

Antes que nada[3] me lavé sin malgastar el agua limpia. Me eché un buen sorbo a la boca[4] y lo lancé en chorros finos contra mis manos, que froté bien y luego empapé para limpiarme la cara. Hice lo mismo con ella, para quitarle el rocío de los hombres. Me saqué los pantalones que me había dado el capataz. De la cuerda que me rodeaba la cintura colgaban mis palos para hacer fuego, algunas puntas de flechas,[5] mi rollo de tabaco, mi cuchillo de madera con un diente de rata en la punta y una bolsa de cuero bien firme, donde tenía un poco de curare. Puse un poco de esa pasta en la punta de mi cuchillo, me

---

[1] **se atraviesan palos pulidos en las mejillas y la nariz** they put polished sticks through their cheeks and nose

[2] **en cuclillas a su lado** squatting by her side

[3] **antes que nada** before anything else

[4] **me eché un buen sorbo a la boca** I took a good sip

[5] **puntas de flechas** arrowheads

incliné sobre la mujer y con el instrumento envenenado le abrí un corte en el cuello. La vida es un regalo de los dioses. El cazador mata para alimentar a su familia, él procura no probar la carne de su presa y prefiere la que otro cazador le ofrece. A veces, por desgracia,[6] un hombre mata a otro en la guerra, pero jamás puede hacer daño a una mujer o a un niño. Ella me miró con grandes ojos, amarillos como la miel, y me parece que intentó sonreír agradecida. Por ella yo había violado el primer tabú de los Hijos de la Luna y tendría que pagar mi vergüenza[7] con muchos trabajos de expiación. Acerqué mi oreja a su boca y ella murmuró su nombre. Lo repetí dos veces en mi mente para estar bien seguro pero sin pronunciarlo en alta voz, porque no se debe mentar a los muertos para no perturbar su paz, y ella ya lo estaba,[8] aunque todavía palpitara su corazón. Pronto vi que se le paralizaban los músculos del vientre, del pecho y de los miembros, perdió el aliento,[9] cambió de color, se le escapó un suspiro[10] y su cuerpo se murió sin luchar, como mueren las criaturas pequeñas.

De inmediato sentí que el espíritu se le salía por las narices y se introducía en mí, aferrándose a mi esternón. Todo el peso de ella cayó sobre mí y tuve que hacer un esfuerzo para ponerme de pie,[11] me movía con torpeza, como si estuviera bajo el agua. Doblé su cuerpo en la posición del descanso último,[12] con las rodillas tocando el mentón, la até con las cuerdas del petate, hice una pila con los restos de la paja y usé mis palos para hacer fuego. Cuando vi que la hoguera ardía segura, salí lentamente de la choza, trepé el cerco del campamento con mucha dificultad, porque ella me arrastraba hacia abajo, y me dirigí al bosque. Había alcanzado los primeros árboles cuando escuché las campanas de alarma.

Toda la primera jornada caminé sin detenerme ni un instante. Al segundo día fabriqué un arco y unas flechas y con ellos pude cazar para ella y también para mí. El guerrero que carga el peso de otra vida humana debe ayunar por diez días, así se debilita el espíritu del difunto, que finalmente se desprende y se va al territorio de las almas. Si no lo hace, el espíritu engorda con los alimentos y crece dentro del hombre hasta sofocarlo. He visto algunos de hígado bravo[13] morir así. Pero

---

[6] **por desgracia** unfortunately

[7] **tendría que pagar mi vergüenza** I would have to pay for my shame

[8] **ella ya lo estaba** she was already dead

[9] **perdió el aliento** stopped breathing

[10] **se le escapó un suspiro** she let out a sigh

[11] **para ponerme de pie** to stand up

[12] **descanso último** death

[13] **algunos de hígado bravo** some brave men

antes de cumplir con esos requisitos yo debía conducir el espíritu de la mujer Ila hacia la vegetación más oscura, donde nunca fuera hallado. Comí muy poco, apenas lo suficiente para no matarla por segunda vez. Cada bocado en mi boca sabía a carne podrida y cada sorbo de agua era amargo, pero me obligué a tragar para nutrirnos a los dos. Durante una vuelta completa de la luna me interné selva adentro[14] llevando el alma de la mujer, que cada día pesaba más. Hablamos mucho. La lengua de los Ila es libre y resuena bajo los árboles con un largo eco. Nosotros nos comunicamos cantando, con todo el cuerpo, con los ojos, con la cintura, los pies. Le repetí las leyendas que aprendí de mi madre y de mi padre, le conté mi pasado y ella me contó la primera parte del suyo, cuando era una muchacha alegre que jugaba con sus hermanos a revolcarse en el barro y balancearse de las ramas más altas. Por cortesía, no mencionó su último tiempo de desdichas[15] y de humillaciones. Cacé un pájaro blanco, le arranqué las mejores plumas y le hice adornos para las orejas. Por las noches mantenía encendida una pequeña hoguera, para que ella no tuviera frío y para que los jaguares y las serpientes no molestaran su sueño. En el río la bañé con cuidado, frotándola con ceniza y flores machacadas, para quitarle los malos recuerdos.

Por fin un día llegamos al sitio preciso y ya no teníamos más pretextos para seguir andando. Allí la selva era tan densa que en algunas partes tuve que abrir paso[16] rompiendo la vegetación con mi machete y hasta con los dientes, y debíamos hablar en voz baja, para no alterar el silencio del tiempo. Escogí un lugar cerca de un hilo de agua, levanté un techo de hojas e hice una hamaca para ella con tres trozos largos de corteza. Con mi cuchillo me afeité la cabeza y comencé mi ayuno.

Durante el tiempo que caminamos juntos la mujer y yo nos amamos tanto que ya no deseábamos separarnos, pero el hombre no es dueño de la vida, ni siquiera de la propia, de modo que[17] tuve que cumplir con mi obligación. Por muchos días no puse nada en mi boca, sólo unos sorbos de agua. A medida que las fuerzas se debilitaban ella se iba desprendiendo de mi abrazo,[18] y su espíritu, cada vez más

---

[14] **durante una vuelta completa de la luna me interné selva adentro** during a month I kept going deeper into the jungle
[15] **último tiempo de desdichas** the latest period of afflictions (disgrace)
[16] **abrir paso** to make way

[17] **de modo que** therefore
[18] **a medida que las fuerzas se debilitaban ella se iba desprendiendo de mi abrazo** as my strength grew less and less, she was letting go of my embrace

etéreo, ya no me pesaba como antes. A los cinco días ella dio sus primeros pasos por los alrededores, mientras yo dormitaba, pero no estaba lista para seguir su viaje sola y volvió a mi lado. Repitió esas excursiones en varias oportunidades, alejándose cada vez un poco más. El dolor de su partida era para mí tan terrible como una quemadura[19] y tuve que recurrir a todo el valor aprendido de mi padre para no llamarla por su nombre en voz alta atrayéndola así de vuelta conmigo[20] para siempre. A los doce días soñé que ella volaba como un tucán por encima de las copas de los árboles y desperté con el cuerpo muy liviano y con deseos de llorar. Ella se había ido definitivamente. Cogí mis armas y caminé muchas horas hasta llegar a un brazo del río. Me sumergí en el agua hasta la cintura, ensarté un pequeño pez con un palo afilado y me lo tragué entero, con escamas y cola. De inmediato[21] lo vomité con un poco de sangre, como debe ser.[22] Ya no me sentí triste. Aprendí entonces que algunas veces la muerte es más poderosa que el amor. Luego me fui a cazar para no regresar a mi aldea con las manos vacías.[23]

Ejercicios

A. Comprensión inmediata

Read the following incomplete statements. Select the answers that best fit the story.

1. La muchacha era
   a. de la misma tribu que Walimai.
   b. de la tribu de los Ila.
   c. de los Aztecas.
   d. de los Mayas.

---

[19] **tan terrible como una quemadura** as terrible as a burn

[20] **atrayéndola así de vuelta conmigo** drawing her back to me

[21] **de inmediato** immediately

[22] **como debe ser** as it ought to be

[23] **con las manos vacías** empty handed

2. Walimai dice que la muchacha era
    a. alta y mala.
    b. fuerte y robusta.
    c. muy arrogante.
    d. dulce y delicada.
3. La muchacha estaba
    a. vestida de novia.
    b. vestida de manera sencilla.
    c. vestida elegantemente.
    d. desnuda.
4. Cuando Walimai la vio,
    a. le habló en la lengua de los Ila y le dio a beber agua.
    b. se acostó a su lado.
    c. le pintó el cuerpo de negro, rojo y morado.
    d. le cubrió el cuerpo.
5. Después de darle agua a la muchacha, Walimai
    a. la puso en la cama.
    b. le frotó los brazos.
    c. le limpió el cuerpo.
    d. cantó y bailó con ella.
6. Después de lavar a la muchcha, Walimai
    a. le dio un arco y flecha.
    b. le dio un diente de rata envenenado.
    c. le pidió que trabajara con él.
    d. la mató con su cuchillo envenenado.
7. Cuando a la muchacha se le escapó un suspiro, Walimai
    a. sintió que el espíritu de la muchacha entraba en él.
    b. la sacó de la choza.
    c. no hizo nada.
    d. parecía aletargado.
8. Después de morir la muchacha, Walimai
    a. informó a su familia.
    b. la enterró.
    c. llamó al capataz.
    d. encendió la choza.

9. El guerrero que carga el peso de otra vida humana debe ayunar
    a. diez días.
    b. quince días.
    c. dos días.
    d. cinco días.
10. Cuando Walimai cogió el pez
    a. le quitó las escamas y la cola.
    b. lo tragó entero con escamas y cola.
    c. lo tiró otra vez al agua.
    d. se lo dio al tucán.

B. Cuestionario
1. ¿Qué vio Walimai cuando entró a la choza?
2. ¿Cómo era su actitud hacia la muchacha? Explique.
3. ¿Cómo la mató?
4. Al morir ella, ¿en qué posición la colocó Walimai?
5. Según Walimai, ¿a dónde fue el espíritu de la muchacha?
6. ¿Qué hizo Walimai antes de escapar de la choza?
7. ¿Por qué tuvo que ayunar Walimai, y durante cuántos días?
8. ¿Qué hicieron Walimai y la muchacha durante todo el viaje?
9. ¿Qué soñó Walimai y cómo se despertó de su sueño?
10. ¿Qué lección aprendió Walimai con todo lo ocurrido?

C. Discusion y opiniones
1. ¿Qué reacción tuvo Ud. ante la condición de la muchacha Ila en el campamento? Explique.
2. ¿Qué importancia tiene el ayuno entre los indios de la tribu de Walimai?
3. Walimai y la muchacha hablaban y cantaban. ¿Conversa Ud. con familiares suyos que están muertos a veces? Explique.
4. ¿Qué piensa Ud. de la eutanasia, como en el caso de la muchacha Ila? Explique.
5. ¿Qué parte le impresionó más en el cuento y por qué?

D. Repaso gramatical (por/para)

*Refer to the text of the story and complete each sentence using **por** or **para** correctly.*

1. _____ ella, yo había violado el primer tabú de los Hijos de la Luna.
2. No se debe mentar a los muertos _____ no perturbar su paz.
3. Sentí que el espíritu se le salía _____ las narices y se introducía en mí.
4. Tuve que hacer un esfuerzo _____ ponerme de pie.
5. Usé mis palos _____ hacer fuego.
6. _____ cortesía no mencionó sus últimos tiempos de desdichas y humillaciones.
7. _____ las noches mantenía encendida una pequeña hoguera, _____ que ella no tuviera frío.
8. La froté con cenizas y flores machacadas _____ quitarle los malos recuerdos.
9. Hice una hamaca _____ ella con tres trozos largos de corteza.
10. _____ muchos días no puse nada en mi boca, sólo unos sorbos de agua.

Vocabulary

The following abbreviations are used:

arch.	archaic
adj.	adjective
adv.	adverb
aug.	augmentative
coll.	colloquial
dim.	diminutive
f.	feminine
inf.	infinitive
m.	masculine
past p.	past participle
pl.	plural
prep.	preposition
pres. p.	present participle

A

a   to, on

abalanzarse   to pounce, to attack

abalorio   bead, bead necklace

abandonar   to abandon, leave

abatido(a)   worn out; crestfallen

abierto(a)   open

abochornado   mortified, embarrassed

abominablemente   abominably, hatefully

aborrecer   to abhor, hate

abortar   to have a miscarriage, abort

abotonarse   to button oneself up

abrazar   to embrace, hug

abrazo   hug, embrace

abrigar   to shelter

abrir   to open

abrir paso   to make way

absoluto(a)   absolute

absorto(a)   entranced

abstracción   abstraction, concentration

abstracto   abstract

abuela   grandmother

abusar (de)   to abuse; to rape

acabar   to finish, to end; ~ **de** + *inf.* to have just + *past p.*

acacia   acacia (bot.)

acantilado   cliff, escarpment

acariciar   to caress

acaso   perhaps

acechar to spy, to watch, to lie in ambush for

acecho waylaying, observation

aceptar to accept

acequia irrigation ditch or trench

acera sidewalk

acercarse to come near, approach

acero steel; weapon

acertar to be right, to succeed

acicate *m.* spur, goad

aclamar to acclaim

acodarse to lean or rest on one's elbow

acogido(a) welcomed

acomodar to accommodate; to arrange

acomodarse to find or settle in a comfortable position

acongojado(a) anguished, distressed

aconsejar to advise

acontecimiento happening

acordarse (de) to remember

acorde *m.* chord; harmony of sounds

acortarse to become shorter

acostar to lay down

acostarse to lie down, to go to bed

acostumbrarse (a) to get accustomed to, to get used to

activo(a) active

acto act

actuar to act

acudir to attend, to be present; to arrive punctually

acurrucado(a) curled up like a cat

acusar to accuse

acusarse to confess

adelante forward

ademán *m.* gesture, look, *pl.* manners

además besides

adentro within, inside

adivinar to guess

admirablemente admirably

admirador(a) admirer

adolescencia adolescence

adorado(a) adored

adornarse to adorn oneself

adorno ornament

adquirir acquire

afecto affection

afeitarse to shave oneself

aferrarse (a) to cling, to hold on to

afición *f.* liking, fondness

aficionado(a) fond of; fan

afilado(a) sharp

afilar to sharpen

afirmar to affirm, assert; secure

afortunadamente luckily

afrentado affronted, insulted

africano African

afuera outside

afueras *f. pl.* outskirts, suburbs

agacharse to bend oneself

agarrar to hold, catch, seize, grab

agazapado(a) seized

agente *m.* police officer

agitar to shake, move

agonía agony

agotar to run out, exhaust

agradable pleasant

agradar to please

agradecido(a) thankful

agredir to assault, attack

agua (el) *f.* water

aguamanil *m.* washbowl, wash-basin

agudo(a) sharp, acute

agüelo (*coll.* for **abuelo**) grandfather

aguijonear to goad, prick

ah oh

ahogo shortness of breath, choking

ahora now

aindiado(a) Indian-like

aire *m.* air

aislarse to isolate oneself

ajo   garlic; **ajos y cebollas** swear words

ajustar   to adjust, tighten

Alá   Allah, Arabic word for God

ala(el) *f.*   wing

alacrán *m.*   scorpion

alado(a)   winged, light

alameda   public walk lined with trees

alarma   alarm

albañil *m.*   mason, bricklayer

albéitar *m.*   blacksmith

alborotado(a)   disturbed; turbulent

alcaide *m.*   governor or warden of a castle

alcalde *m.*   mayor

alcanzar   to catch up with

alcoba   bedroom

aldea   small town

alegar   to contend, to allege, to state

alegre   happy

alegría   joy, happiness

alejarse   to go far away, to withdraw, move away

alero   eaves

aletargado(a)   sluggish, sleepy, drowsy

alfombra   carpet

alfombrado(a)   carpeted

algo   something

alguien   somebody, someone

algún   some

alguno(a)   any, some

algunos(as)   some, any

aliento   breath

alimentación *f.*   food, nourishment

alimentar   to feed

alimento   food

aliviado(a)   relieved

allá   there

allí   there

alma (el) *f.*   soul

almendra   almond tree

almohada   pillow

almohadón   a big pillow, cushion

almuerzo   lunch

alrededor   around

alrededores *m. pl.*   outskirts, environs

altamar   high seas, open sea

alterar   to alter

alto(a)   high, tall; **en lo ~** above; **por lo ~** upward; **en ~** high up

alto(a)   loud

altura   height

aludir   to allude, refer to

alumbrado(a)   lighted, lit; streetlight

alumbrar   to light

alzar   to raise, lift

amado(a)   beloved

amagar   to feign, simulate to be about to hurt someone

amancebamiento   concubinage

amanecer   to dawn; to manifest itself, to begin to appear at dawn

amanecer *m.*   dawn

amante *m.*   lover

amar   to love

amargar   to embitter

amargo(a)   bitter

amarillento(a)   yellowish

amarillo(a)   yellow

amarrar   to tie; to bandage

amasar   to amass; to knead, to mix

amenazante   threatening

amenazar   to threaten

amigazo(a)   buddy

amigo(a)   friend

amistad *f.*   friendship, friend

amo(a)   master (of the house), owner

amontonarse   to pile up

amor *m.*   love

añadir   to add

analfabeto(a)   illiterate

anchoveta (*dim.* of **anchoa**) anchovy

anciano old man

anda portable platform, stretcher

andar to walk

andrajoso(a) ragged, tattered

anhelante yearning, longing

animal *m.* animal

animarse to be encouraged, to cheer up

año year

anochecer to grow dark

anochecer *m.* nightfall, dusk

anón *m.* sweetsop, custard apple (a tropical fruit)

ante in front of, before

antebrazo forearm

antecesor (a) previous, former

antepasado(a) ancestor

anterior former

anterioridad *f.* previousness; **con ~** beforehand

antes (de que) before

antiguamente in other times, formerly

antigüedad *f.* ancient times

apagado(a) deadened (sound), faint

aparcería partnership

aparecer to appear

aparente apparent

apartarse to leave, to withdraw

apasionado(a) passionate

apearse to dismount (from a horse)

apenado(a) sorry, sad, embarrassed

apenas hardly, barely

apetitoso(a) appetizing, delicious

apiadarse (de) to have pity on

aplaudir to applaud

apoderado attorney

apóstol apostle

apoyar to lean, to support, to rest

aprender to learn

apresurarse to hurry

apretar to tighten

aprovechar to take advantage of

aproximarse to approach, to come near

apuesto(a) handsome

apuro difficulty; haste

aquel, aquella that (over there)

aquello that (thing, matter)

aquellos(as) those over there

aquí here

árabe *m. f.* Arab

araña spider

arañado(a) scratched

arañar to scratch

araño scratch

árbol *m.* tree

arco bow

arder to burn

arenoso(a) sandy

argamasa mortar

argolla ring, hoop

aristocracia aristocracy

arma (el) *f.* weapon

arquitecto(a) architect

arrancar to pull up, to pull out, to pull off

arranque *m.* outburst, fit

arrastrar to drag, to pull

arrastrarse to drag one-self

arreboladas red-tinted clouds

arreciar to become more intense; to get harder

arreglar to put in order, to tidy up

arrellanado(a) comfortably seated; stretched out

arremolinarse to crowd around

arriba up, superior, top part, above

arrodillarse to kneel

arrojar to throw, to hurl

arroyo stream

arrugado (a) wrinkled

arsenal *m* arsenal
arte *m.* art
artículo article
asegurar to assure
asesino(a) assassin
aseveración *f.* affirmation
así so, thus, in this manner;
~ **como** like
asiento seat
asolar to devastate
asomar to let show, be seen
asomarse to look out (through an
opening)
asombrado(a) astounded,
astonished
asombro astonishment
asombroso(a) astonishing
amazing
asomo hint; sign
aspecto aspect, appearance
áspero(a) rough
aspirar to inhale, to breathe
asustar to frighten: ~ **se** to
be scared
atacar to attack, to assault
atado tied
atar to tie
ataúd *m.* coffin
atemorizado frightened, scared
atento(a) attentive
atenuado(a) diminished,
soft (sound)
atestado(a) packed, stuffed
atrás behind
atravesar to cross, to run through
atreverse to dare
atribuido(a) attributed
aturdido(a) confused, dazed
aún still, yet
aunque although, though
ausencia absence
autor(a) author
autoridad *f.* authority

autoritario(a) authoritarian,
imperious
avanzar to advance, to move
forward
ave *f.* bird
aventura adventure
aventurar to venture
averiguar to find out
aviso warning
ayuda help
ayudar to help
ayunar to fast
ayuno fasting, fast
azar *m.* chance, hazard
azul blue
azulenco bluish, blue

ℬ

Babilonia Babylon (ancient city)
baile *m.* dance
bajar to go down, to descend;
to lower
bajo(a) low, short
bajo under
bala bullet
balancearse to sway, to swing
bañar to bathe
bandeja tray
baño bath, bathroom
banqueta sidewalk (Mex.); stool
barato(a) cheap
barba beard
barbado bearded
barbaridad *f.* atrocity
bárbaro(a) savage, barbarian
barco boat, ship
barda thatch (on fence or wall)
barra bar, rod, crowbar
barrio neighborbood
barro mud
barrote *m.* thick bar

bastante   enough, rather, quite
bastar   to be enough, to suffice
bastón *m.*   cane
batalla   battle
baúl *m.*   trunk, chest
bello(a)   beautiful
bendición *f.*   blessing
besar   to kiss
beso   kiss
bestia   animal, beast
bicho   bug, insect
bien   well, very, fine
bigotudo   thickly mustached
blanco(a)   white
blancura   whiteness
blando(a)   soft
boca   mouth
bocado   morsel, bite of food
bocanada   puff of smoke
boda   wedding
bodeguita   a small pantry; a small neighborhood store
boina   French or Basque cap
bola   ball
bolsa   bag, pouch
bolsillo   pocket
bombardino   saxhorn
bonito(a)   pretty
borde *m.*   edge
borracho(a)   drunk
bosque *m.*   woods
bota   boot
botella   bottle
botón *m.*   button
brasero   hearth, fireplace, firepan, brazier
bravo(a)   brave
brazo   arm; branch of a river
breve   brief, short
brillante   brilliant, outstanding
brillar   to shine, to glitter
brillo   glitter, brilliance
brisa   breeze
bronce *m.*   bronze

bronco   harsh, gruff
brotar   to sprout
bruma   fog, mist
bruscamente   brusquely
brutal   brutal; beastly
bucear   to dive
bueno   all right, well, OK
bugambilia   bougainvillaea
bulto   bundle
burbuja   bubble
burgués(esa)   bourgeois, middle class
burla   mockery
burlarse (de)   to seduce, deceive (a woman); to make fun of
busca   search
buscar   to look for, to search
buscarse   to look for one another
butaca   easy chair

C

cabalgar   to ride (a horse)
caballeresco   chivalric, knightly
caballete *m.*   ridge of a roof
caballo   horse
cabaña   cabin, cottage
cabello   hair
cabeza   head
cabezal *m.*   small pillow; bolster
cabizbajo(a)   crestfallen, downhearted, depressed
cabo   end; corporal; ~ **de cuarto** corporal of the guard
cacareo   cackling
cacerola   saucepan
cacique *m.*   Indian chief; *coll.* political boss
cada   each, every
cadáver *m.*   corpse
cadena   chain
caer   to fall
cafetera   coffeepot
cajita   little box

cajón *m.*   large box; drawer
calado(a)   soaking, drenched
caldera   boiler, caldron
calidad *f.*   quality
caliente   warm, hot
callado(a)   quiet
callarse   to be silent, to stop speaking
calle *f.*   street
calmarse   to calm down
calor *m.*   heat
calzado   wearing shoes
calzarse   to put one's shoes on
cama   bed
cambiar   to change, to exchange
cambio   change; **en ~** on the other hand
camello   camel
caminar   to walk
camino   path, way, road
camisa   shirt
campamento   camp
campana   bell
campanario   belfry
campanero   bellringer
campesino   peasant
campo   field, country
caña   uncured brandy or rum
cañar *m.*   cane thicket
cancel *m.*   inner door to keep out draft
canción *f.*   song
cangrejo   crab
cañón *m.*   stubble (of a beard)
cansado   tired
cansancio   fatigue, weariness
cansarse   to get tired
cantar   to sing
cantina   bar
canto   chant, song
cantor   singer
capataz   foreman, overseer
capaz   able, capable
capitán   captain

capítulo   chapter
capricho   caprice, whim
cara   face
caramelo   caramel
carbón   coal, charcoal
carcajada   outburst of laughter; horselaugh
cárcel *f.*   prison
cargadores *m. pl.*   suspenders
cargar   to load; to carry
caricia   caress, petting
caritativo(a)   charitable
carne *f.*   meat, flesh
carnicero   butcher
carrera   race
carretilla   small cart, wheelbarrow
carta   letter
cartón *m.*   cardboard
casa   house
casarse   to get married
cascada   cascade, waterfall
casi   almost
casona   a large house
castillo   castle
casualidad *f.*   chance, coincidence
catástrofe *f.*   catastrophe
catre *m.*   cot, camp bed
cauchero   rubber planter or plantation worker
caucho   rubber
causar   to cause
cautela   caution
cauteloso(a)   cautious
cautivo(a)   captive
cavar   to dig
caverna   cavern, cave
cazador(a)   hunter
cazar   to hunt
ceja   eyebrow
celestial   heavenly, celestial
celoso(a)   jealous
cementerio   cemetery
cena   supper
cenador *m.*   bower

cencerro cowbell
ceniza ash
centavo cent
centro center, middle
cepillado(a) smooth, polished
cerca nearby; ~ **de** near to; nearly, approximately
cerciorarse to make sure, to ascertain
cerco fence, ring, circle
ceremonia ceremony
cereza cherry
cerrado(a) closed
cerradura lock
cerrar to close
cesta basket
cesto basket
ciego(a) blind
cielo sky, heaven
cielorraso (cielo raso) ceiling
cierto certain, true
cifra number; code; sum total
cigarrillo cigarette
cinta ribbon
cintura waist
circunloquio circumlocution
citado(a) mentioned
ciudad *f.* city
civilización *f.* civilization
clamar to cry out
claro(a) clear
clase *f.* class
clausurar to wall-up, to close up
clavar to pierce, to spike, to nail
clavo nail
coartada alibi
cobarde coward
cobrar to acquire, to get, to collect
cobre *m.* copper
cocer to bake (**cocinar**)
coche *m.* car
cocina kitchen
cocinar to cook

codicia covetousness, greed
codo elbow
cofrecito a small chest
coger to take, to seize
cola tail
colcha bedspread
colega *m. f.* colleague
cólera anger
colgar to hang, to dangle
colina hill
collar *m.* necklace
colocar to locate, to place, to put
color *m.* color
colorado(a) colored, red, risqué
combate *m.* combat
comedido(a) polite; prudent
comedor *m.* dining room
comentar to comment
comentario comment, remark
comenzar to begin, to start
comer to eat
cometa comet
cometido assignment, duty
comida food
comisaría police station
comisario police inspector
comité *m.* committee
como as, like, since; ~ **si** as if
cómodamente comfortably
compañero(a) companion
compañía company
comparar to compare
complacer to please, give satisfaction
completamente completely
completo complete; **por ~** completely
comprar to buy
comprender to understand
comprobar to prove, to verify
con with
concertarse to join together
concha shell
concluir to conclude, to finish

condenar to condemn, to sentence
condimentar to season
conducir to lead
conducta conduct
confesión *f.* confession
confianza confidence, trust
confiar to trust
confundido confused
confusamente hazily, confusedly
congregar to congregate,
to assemble
conmigo with me
conocedor (a) knowledgeable,
aware of
conocer to know
conocimiento knowledge
conque so
consecuencia consequence,
conclusion
conseguir to obtaln, to manage to
consejo advice
conservador(a) conservative
conservar to conserve, to keep
considerar to consider
construir to build
consultado(a) consulted
consumar to consummate
contar to tell, to relate; to count
contemplar to contemplate, to
look at
contener to contain
contenido(a) contained,
restrained; *m.* contents
contestar to answer
continuar to continue
contra against
contradecir to contradict
contrario(a) opposite
convencer to convince
convencido(a) convinced
convento convent
convertir to convert; ~ **se**
to become, to turn into
convidar to invite, to treat

copa treetop, crown of a tree;
goblet
copiar to copy
coraje *m.* courage
corazón *m.* heart; **hombre de ~**
brave, generous man
cordal *m.* wisdom tooth
cordón *m.* cord
corral *m.* corral
corredor *m.* hall
correr to run; running
corresponder to correspond
corretear *coll.* to run around,
to run about
corriente *f.* current
cortar to cut
corte *f.* court
corte *m.* cut, cutting, clipping
cortesía courtesy
corteza bark (of tree)
cosa thing
cosecha harvest
coser to sew clothes
costar to cost
costilla rib
costumbre *f.* habit, custom
cotidiano daily
cráneo head
crearse to create for oneself
crecer to grow
creer to believe, to think
crepúsculo twlight, dawn, dusk
criada maid
criatura creature, child
cristalizado crystallized
croar *m.* croaking
cruelmente cruelly, brutally
crujido creak, crackle; grind
(teeth)
cruzar to cross
cuadra stable
cuál which, what
cual si as if
cualquier(a) any

cuando   when
cuánto   how much
cuartilla   page of copy; *pl.* pages of a manuscript
cuarto   room, chamber
cuatro   four
cubierto(a)   covered
cubrir   to cover
cuchillo   knife
cuclillas   **en ~** in a squatting position
cuello   neck, collar
cuenta   account, bill
cuento   story, tale
cuerda   cord, rope, twine
cuero   hide, leather
cuerpo   body
cuesta arriba   uphill
cuestión *f.*   reason, question, issue
cuidado   care, **con ~** carefully
cuidadosamente   carefully
cuidar   to do carefully; to care for
culebra   snake
cultivar   to cultivate
cultivo   cultivation
cumplido(a)   completed
cumplir   to complete (a task or responsibility), perform, carry out; **~ con** to fulfill one's obligations
cúpula   dome
cura *m.*   priest
curación *f.*   cure
curandero   quack, witch doctor
curare   curare, powerful vegetable poison, used by some primitive tribes to make poison arrows
curiosidad *f.*   curiosity, inquisitiveness

Ch

chambergo   broad-brimmed, soft hat

chamuscado   scorched
chapoteo   splash, splatter
charco   puddle
chasquido   cracking sound (of something)
chato(a)   short, flat nosed
chico   boy
chicotazo   whiplash, lash
chiquillo(a)   youngster
chiquitín(ina)   tiny baby, tot
chisme *m.*   gossip
chispa   spark
chistar   to speak
chorro   spurt
choza   hut, hovel
churro   a kind of pastry consumed in Spain

D

dama   lady
dañado(a)   damaged
daño   damage; **hacer ~** to harm, to hurt
danzar   to dance
dar   to gíve; **~ con** to find; **~ se cuenta (de)** to realize
dar vuelta   to stroll
de   of, as
debajo (de)   under
deber   should, ought to; **~** *m.* duty
deber + *inf.*   to have to, must
débil   weak
debilitarse   to become weak
decencia   decency
decidido(a)   decided, determined
decidir   to decide
decir   to say, to tell
decir *m.*   talk
declarar   to declare
dedicación   dedication, perseverance
dedicarse   to devote or dedicate oneself

dedo finger
defender to defend
defenderse to defend oneself
defensa defense
definitivo(a) definitive; final
degenerar to degenerate
dejar to leave (something or somebody); to allow;
~ **de** + *inf.* to stop doing something; to leave someone or something alone
dejarse to allow oneself
delantal *m.* apron
delicado(a) delicate
delirante delirious
delirio delirium, rapture; pride and joy
demás other, rest of the; **lo** ~ the rest
demasiado too much, excessive
demonio demon, devil
dengue *m.* affectedness
denso(a) thick
dentadura postiza dentures
dentista *m. f.* dentist
dentro (de) in, inside
departamento compartment
deprimente depressing, depressive
derechito straight
derecho(a) right (opposite of left)
derramar to spill
derribar to tear down, to demolish
derrochado(a) wasted, squandered
derrota defeat
desabotonar to unbutton
desafiante defiant
desafiar to dare, to challenge
desalentador discouraging, disheartening
desamparo abandonment, helplessness
desaparecer to disappear

desarmar to take apart
desarrapado(a) torn and tattered
desatar to untie
desayuno breakfast
desazonado(a) restless, ill-humored
descabellado(a) wild, rash
descalzo(a) barefoot
descansar to rest
descanso rest
descarado shameless, insolent
descargar to unload, to take off, to free
descarnado(a) lean
descarriado(a) misguided
desconcertante disconcerting, puzzling
desconfianza distrust, mistrust
desconocido(a) unknown
descoyuntado(a) dislocated
describir to describe
descubrir to discover
descuido carelessness, neglect
desde from; since
desdentado toothless
desdicha disgrace, misfortune
desdichado(a) unfortunate
desear to wish
desempaquetar to unwrap
desempeñar to carry out
desenmascarar to unmask, to reveal, to expose
deseo desire
desesperación *f.* desperation
desesperado(a) desperate
desesperar to exasperate
desfacer *arch.* to undo
desfondado(a) having the bottom broken
desgarrador (a) heartrending
deshonra dishonor, disgrace
deshonrar to dishonor
desierto desert
deslizar to let slip, slither

desmayado(a)   faint unconscious, lifeless
desmontar   to dismount from
desmoronado   crumbled
desnudo(a)   naked
despacho   office
despacio   slowly
despedirse   to take leave
despegarse   to detach
desperdicio   waste, garbage
despertador *m.*   alarm clock
despertar   to wake someone up; ~ **se** to wake up oneself
despiadado(a)   pitiless, inhuman
despierto   awake
desplomarse   to tumble down
despreciar   to despise, to scorn
desprecio   contempt
desprender   to detach, to release, to let loose
desprenderse   to come loose
después   later, then; ~ **de** after
destacar   to make stand out
destapar   to take the lid off
destemplado(a)   disharmonious
destino   destiny, fate
destreza   dexterity, skill
destrozar   to destroy, to break to pieces
destruir   to destroy
desviar   to deviate, to deflect
detener   to stop (someone or something), to detain
detenerse   to stop
determinado(a)   definite, specific
detrás   behind
devastado(a)   devastated, destroyed
devolver   to give back, to return
día *m.*   day
diálogo   dialogue
diario   daily
dibujo   drawing
dicha   joy, bliss, happiness

dicho(a)   (*past. p.* of **decir**) said
dieciséis   sixteen
diente   tooth
diez   ten
difícil   difficult
dificultad *f.*   difficulty
digno(a)   worthy
dilatarse   to extend; to dilate
diligencia   diligence; industriousness
diminuto(a)   diminutive, little, minute
dinero   money
dios   pagan god
Dios *m.*   God
directo(a)   straight
dirigir   to guide, direct; ~ **se a** to go to, to make one's way to, to direct oneself toward
disculpar   to excuse, to pardon
discutir   to discuss
disgusto   annoyance; quarrel
disimulo   dissimulation
dispensar   to excuse
displicente   unpleasant, disagreeable
dispuesto   arranged; ready
distante   distant, far
distinguir   to distinguish
distinto(a)   different
distribuido(a)   distributed
disuadir   to dissuade
disyuntiva   dilemma
divertido(a)   amusing
divertirse   to have fun
divino(a)   divine
doblar   to bend
doble   double
doce   twelve
docena   dozen
doler   to ache, to hurt
dolor *m.*   pain
dolorido(a)   painful; in pain
doloroso(a)   painful

dominical   dominical, pertaining to Sunday
Don   title for a man (used before the Christian name)
doncella   maiden (young lady)
donde   where; at
dorado(a)   golden
dormido(a)   asleep
dormir   to sleep
dormitar   to doze
dos   two
doscientos   two hundred
dramático(a)   dramatic
dueño   owner
duermevela   light sleep, broken sleep
dulce *m.*   candy, sweet
dulzura   sweetness
duque   duke
durante   during
dureza   severity, harshness
duro(a)   difficult, hard.

E

echar   to throw, to dump; to emit, to shoot out; ~ **se** to lie down, ~ **se para atrás** to lean backward, ~ **a** + *inf.* to start, begin
eco   echo
Edad Media   Middle Ages
efectuar   to carry out, perform
egoísta *adj.*   selfish
ejecución   execution
ejercer   to exercise
eléctrico(a)   electric
electrocutar   to electrocute
eliminar   to eliminate
embarcar   to load, to put people aboard
embestida   attack, assault
embobado(a)   stupified, fascinated
emborracharse   to get drunk

emotivo(a)   emotive, emotional
empapado(a)   soaked
empedrado(a)   paved with cobblestones
empeñado(a)   determined
empezar   to start, to begin
empleo   use, employment, job
emprender   to undertake
empujar   to push
empuñar   to clutch, to grip
encajar   to insert
encaminarse   to set out for
encandilado(a)   dazzled
encantador(a)   enchanting, captivating
encargado   in charge
encender   to light
encendido(a)   lit, on
encerrar   to shut in, lock up; ~ **se** to shut oneself up
enchufar   to plug in
enchufe *m.*   plug, socket
encima   on top, above
encina   oak
encontrar   to meet, to find; ~ **se** to be found; ~ **se con** to run into, to meet unexpectedly
encorvado(a)   bent
encuentro   encounter, meeting
enderezarse   to straighten oneself up
enemigo(a)   enemy
enfermedad *f.*   illness, disease, sickness
enfermo(a)   sick, ill
enfrente (de)   opposite, in front of
engañar   to deceive, to trick
engordar   to get fat
engullir   to gulp down, to gobble
enjuto(a)   thin, lean
enmarañado(a)   tangled up, entangled
enorme   enormous

enredadera   creeping plant, climbing plant
enredar   to entangle
enrollarse   to coil
enroscarse   to coil, to twist
ensangrentado(a)   stained with blood
ensartar   to string together
enseñanza   teaching, doctrine
enseñar   to show, to teach
ensillar   to saddle
ente *m.*   being
entender   to understand
entendido(a)   understood
entendimiento   mind, comprehension, knowledge
enterarse   to find out
entero(a)   whole
enterrado(a)   buried
enterrar   to bury
entibiar   to make tepid, to make lukewarm
entonces   then
entornado(a)   half-closed, ajar
entornar   to half-close
entrada   entrance
entrar   to enter
entre   between, among
entreabrir   to open slightly, to set ajar
entrecejo   space between the eyebrows
entrecerrado(a)   half-closed
entregar   to deliver; ~ **se** to surrender, to give in
entretener   to entertain
entrever   to catch a glimpse of
entreverar   to clash in hand-to-hand battle
entrometido(a)   intruder; meddlesome
entumecido(a)   numb, swollen
entusiasmo   enthusiasm
envenenado(a)   poisoned

envolver   to wrap
envuelto   wrapped
equilibrio   balance, equilibrium
errabundo(a)   wandering
esa   that
escalar   to climb up
escalera   ladder, staircase
escalón *m.*   step (of staircase)
escama   scale, flake
escándalo   scandal
escandaloso(a)   scandalous, noisy
escapar   to run away, to escape
escarmiento   warning, lesson, punishment
esclavo(a)   slave
escoger   to choose
escondido(a)   hidden
escondrijo   hiding place, hideout
escopetazo   gunshot
escribir   to write
escritor(a)   writer
escrúpulo   scruple
escuálido(a)   squalid, emaciated
escuchar   to listen
escudriñar   to scrutinize
escupidera   spittoon
ese(a)   that
esforzarse   to make an effort
esfuerzo   effort
eso   that (thing, matter); ~ **es** that's right
esos(as)   those
espacio   place, space
espalda   back (anat.)
espantar   to frighten
espantoso(a)   frightening
esparcir   to spread, to scatter
esparto   esparto grass (plant)
especialidad *f.*   specialty
espectro   spectre, host
espejo   mirror
espera   waiting, expectancy
esperanza   hope

esperar to wait; to hope, to expect, to await
espesar to thicken
espiar to spy upon
espíritu *m.* spirit
espléndido(a) splendid
esposa wife
esposo husband
espuela spur
espuma foam
esquela obituary
esquila small bell
esquina corner
establecer to establish, found
estación *f.* station; season
estallar to explode
estar to be, to be present; ~ **por** to favor
éste this one, the latter
este *m.* east
esternón *m.* sternum, breastbone
estilo style
estirar to stretch
esto this (thing matter)
estorbar to obstruct, to annoy, to hinder
estrafalario(a) (*Coll.*) outlandish, eccentric
estragar to ravage, to devastate
estrechez *f.* privation, austerity
estrecho(a) narrow
estrella star
estrellarse to smash, to crush
estremecer to shock, to make tremble, to quiver (with fear)
estrépito deafening noise
estribillo refrain, chorus
estruendo clatter, uproar
estufa stove
estupendo(a) wonderful
etéreo(a) ethereal, heavenly
eterno(a) eternal
evitar to avoid
evocar to evoke, to recall

excelente excellent
exceso excess
exclamar to exclaim
exclusivamente only, exclusively
exigir to demand
existir to be, to exist
éxito success
expansión expansion; relaxation
experimental experimental
experimentar to experience
expiación *f.* expiation, atonement
explicación *f.* explanation
explicar to explain
exquisito(a) exquisite, perfect
extendido(a) spread out
extenuado(a) weakened
exterminarse to exterminate oneself or one another
extinguirse to become extinct; to extinguish, to quench
extranjero(a) foreigner
extraño(a) strange
extremar to carry to an extreme
extremo(a) end, limit

F

fabricar to fabricate, to manufacture
fácil easy
facilidad ease, easiness
facón *m.* large knife
falda skirt
falta lack of
faltar to lack
fama fame
familia family
fantasma *m.* ghost, phantom
fantástico fantastic
farmacia pharmacy, drugstore
fatigado(a) fatigued, worn out
favor *m.* favor; **por ~** please
fe *f.* faith
felicidad *f.* happiness

feliz happy
feroz fierce, cruel, ferocious
fiera wild beast
fierro (*arch.*) iron
figura figure
figurar to figure, to imagine
fijo(a) fixed; firm
fila line, queue
filoso sharp
filosófico philosophical
fin *m.* end; **al** ~ at the end, at last;
dar ~ **a** to finish off; **por** ~ at last;
con el ~ **de** with the purpose of
finalmente finally
finca farm
fingir to pretend
fino(a) fine
firme firm, steady
flaco(a) thin (people and animals)
flecha arrow
flor flower
florear to bloom
florecer to bloom
foco electric light bulb
fonda restaurant, eating house
fondo bottom, background, rear; **a**
~ thoroughly, completely
forastero(a) stranger, foreigner,
outsider
formar to form
fórmula formula
fortaleza fortress
fortuna fortune
fósforo match
francés(esa) French
franco(a) free, unimpeded; frank
frase *f.* phrase
fraternidad fraternity,
brotherhood
fraternizar to fraternize
frecuentar to frequent, to visit
often
frecuente frequent

frente forehead; ~ **a** ~ face to face;
~ **a** in front of
fresa drill, milling tool
fresco(a) coolness, fresh wind
frío cold
frotar to rub
fruncir to purse (lips)
fuego fire
fuera de outside of, outside
fuerte strong; hard
fuerza power, strength; **a** ~ **de** by
dint of, because of
fugitivo(a) fugitive
fulminado(a) struck
(by lightening)
función *f.* function
funcionario official
funda pillow case
fundar to found
furia rage, anger
furioso(a) furious
furtivo(a) furtive

G

gabinete *m.* office
gafar to hook, to clamp
gallina hen, chicken
gallinazo turkey buzzard
gallo rooster, cock
galope *m.* gallop
gamonal *m.* boss, chief
gana desire; **de buena** ~ willingly
ganancia gain, profit
ganar to win, to earn
garganta throat
garra claw
garrotazo a blow given with a
club or cudgel
garrote *m.* club
gasa gauze
gasolina gasoline
gatillo dentist's forceps

gaveta drawer
gemir to groan, to moan, to wail
gendarme *m.* policeman
generación *f.* generation
gente *f.* people
gesto gesture
gimnasia gymnastics
girar to turn around, to revolve
giratorio(a) revolving
glacial icy, freezing; unfriendly
glorioso(a) glorious
golfo urchin
golpe *m.* blow, hit, knock
golpear to hit, to strike, to bang, to pound
golpecito a little tap (on something)
goma rubber
gota drop
gozar to enjoy
gran great, big
grande big, large, great
gratuito(a) free
grave serious
grillo cricket
gris grey
grisáceo(a) greyish, grayish
gritar to shout, to yell, to scream
grito scream, shout, cry
grueso(a) stout, heavy, thick
grupo group
guarda warden
guardar to keep
Guardia Civil a special Spanish police force
guardián *m.* guard
guerra war
guerrera high-buttoned tunic, jacket
guerrero fighter, warrior
guillotinado(a) guillotined
guiño wink
guitarra guitar

gusano worm
gustar to like (i.e., to be pleasing to)
gusto pleasure

ℋ

haber to have; there is, there are;
haber *m.* property, possession
habitación *f.* room
habituado(a) accustomed
habitual customary, habitual
habla *m.* speech
hablar to speak
hacer to do, to make; ~ **se** to become
hacia toward
hada fairy
halagado(a) flattered, treated with affection
hallar to find; ~ **se** to be present, to be found
hamaca hammock
hambre *f.* hunger
hambriento(a) hungry
harapo rag
hasta till, until, as far as; even
hay there is, there are
hecho *past p.* done, made; *m.* act, deed; fact
hediondo(a) stinking, fetid
helado(a) very cold, icy, freezing
heliotropo heliotrope
hembra female
herido(a) injured, hurt, wounded
hermana sister
hermanado(a) matched, harmonized
hermano brother
herméticamente hermetically
hermoso(a) beautiful
héroe *m.* hero
herrador *m.* blacksmith, horseshoer

herradura horseshoe
hervido(a) boiled
hervir to boil
hierba grass
hígado liver
hija daughter
hijito little son
hijo son
hilo thread
hincarse to kneel
hinchado(a) swollen
hincharse to swell
hipnotizado(a) hypnotized
hipócrita *adj.* hypocritical, hypocrite
histérico(a) hysterical
historia history; story
hogar *m.* home
hoguera bonfire
hoja leaf; sheet of metal; blade
hombre man
hombro shoulder
honestamente honestly
honor *m.* honor
hora hour
horizonte *m.* horizon
huaraches *m. pl.* type of Mexican sandals
hueco hole
huella track, mark
huérfano(a) orphan
huerta orchard; irrigated region
huesa tomb, grave
hueso bone
huesoso(a) bony
huésped *m.* guest
huevo egg
huido(a) suspicious, fearful, distrustful
huir to run away
humanidad *f.* humanity
humano human
humedad *f.* humidity
humedecer to dampen, to moisten

húmedo(a) humid, damp, moist
humilde humble
humillación *f.* humiliation
humo smoke
hundirse to sink
huracán *m.* hurricane

I

idioma *m.* language
ídolo idol
ignorar to ignore
ignoto(a) unknown
igual the same, equal; ~ **que** the same as
igualdad equality
iluminar to light
imagen *f.* image, picture
imaginar to imagine; ~ **se** to imagine
imitar to imitate
impacientado(a) made impatient
impaciente impatient, anxious
impenetrable impenetrable, impervious
imperioso imperious, arrogant
implorar to implore, to beg
imponente imposing
importar to matter; ~ **le a uno** to care
importuno(a) importune, importunate
imposibilidad *f.* impossibility
improviso unexpected; **de** ~ unexpectedly, suddenly
impulso impulse
incapaz incapable of doing something, unable to
incendiado(a) on fire, burning
incendio fire
inclinarse to bow, to bend, to stoop down
incluir to include

incluso including
incómodo(a) uncomfortable
incomprensión *f.* lack of understanding, incomprehension
incomunicado(a) in confinement
incontenible irrepressible
inconveniente *m.* inconvenience
incorporarse to sit up
incrustado(a) incrusted, inlayed
inculto(a) unrefined, uncouth
indescriptible indescribable
indicación *f.* suggestion, clue
indicado(a) indicated, suggested
indiferencia indifference
indispensable indispensable, essential
individuo individual
inestable unstable
infierno hell, inferno
infinitamente infinitely, forever
infinito(a) infinite, limitless
inflamarse to catch fire, to burst into flames, to become inflamed (wounds), to irritate (skin, eyes)
infranqueable unsurmountable
iniciar to start, to initiate
inmediato immediate; **de ~** immediately
inmenso(a) immense
inmóvil immobile, motionless
inodoro toilet
inofensivo(a) harmless, inoffensive
inquieto(a) restless
insinuante insinuating
insinuarse to insinuate oneself (into someone's confidence)
inspector *m.* inspector
inspirado inspired
instalar to install
instalarse to establish oneself, to install oneself
instrumento instrument
insultar to insult

inteligencia intelligence
inteligente intelligent
intensamente intensely
intentar to attempt
interesar to interest
intereses *m. pl.* possessions
interior inside, interior
internarse to go deeply into, to go inland
interponerse to intevene
interrumpido(a) interrupted
interrumpir to interrupt
intraducible untranslatable, indecipherable
intransitabilidad impassability
introducirse to introduce oneself
inútil useless
inventado(a) invented, made up
inventar to invent
invocar to appear; to call
involuntariamente involuntarily
ir to go; **~ se** to go away
isla island
italiano(a) Italian
izquierdo(a) left

J

jabón soap
jactancia arrogance, boasting, bragging
jadeante panting
jalar *coll.* to pull
jamás never
jaqueca migraine
jardín *m.* garden
jarra pitcher
jefe *m.* chief, boss
Jesús Jesus
jícara small bowl
jinete *m.* horseman
jirón *m.* tatter (of cloth), shred
jornada trip, day's trip
joven *m.f.* young person

judío(a)   Jew
juego   play, game
jugar   to play
juguetón(ona)   playful, frisky
junco   rush, bulrush
juntar   to unite, to gather
junto(a)   near, next to; ~ **con**
together with
jurar   to swear, declare upon
oath
justicia   justice
justiciero(a)   just, fair
juvenil   juvenile
juventud *f.*   youth (age between
adolescence and maturity)

L

la   it, her; the
laberinto   labyrinth
labio   lip
laborioso(a)   painstaking
labrador   farm laborer, peasant
farmer
lacito   little bowknot
lacónicamente   laconically, briefly
lado   side
ladrar   to bark
ladrillo   brick
lagarto   lizard
lágrima   tear
lamento   lament, moan, wail
lámina   lamina, thin sheet
lámpara   lamp
lana   wool, yarn
lanzado   a thrust made by a lance
or spear
lanzar   to hurl; ~ **se** to throw
oneself
lapa   limpet, barnacle
largo(a)   long
lastimado(a)   hurt, injured
lata   can
latir   to beat (heart), to throb

latón *m.*   brass
lavabo   washstand, washbasin
lavadero   washing place,
laundry
lavandera   washerwoman
lavar   to wash; ~ **se** to wash
oneself
le   him, her, it
lector(a)   reader
leer   to read
lejano(a)   distant
lejos   far, far away
leña   wood, kindling
lengua   tongue
lentamente   slowly
lentitud *f.*   slowness
lento(a)   slow
les   them
letra   letter, handwriting
levantar   to raise; ~ **se** to get up
ley *f.*   law
leyenda   legend
libertad *f.*   freedom
librarse (de)   to avoid; to get
rid of
libre   free
libro   book
licor *m.*   liquor
ligadura   tie
limitar   to restrain
limosna   charity, alms
limpiar   to clean
limpio(a)   clean
linaje *m.*   lineage; class
lindar   to adjoin
línea   line
líquido(a)   liquid
listo(a)   ready
liviandad   lightness, fickleness
liviano(a)   light (weight)
lo   him, it
loco(a)   crazy
locomotora   locomotive
lomo   back, loin

loro parrot
loza porcelain
lucha fight, struggle
luchar to struggle, to fight
luego later
lugar *m.* place
lúgubre gloomy
lujo luxury
luna moon
luz *f.* light

Ll

llama flame
llamado call
llamar to call
llamita little flame
llanto weeping, crying
llanura plain
llave *f.* key
llegada arrival
llegar to arrive; ~ **a** + *inf.*
to manage + *inf.*
llenar to fill
llenarse to get filled with
lleno(a) full
llevar to take, to carry; to wear; to
have been
llevarse to take away
llorar to weep, to cry
llover to rain
lluvia rain
lluvioso(a) rainy

M

machacado(a) crushed
machete *m.* machete, cutlass
machetear to strike or wound
with a machete
madera wood
madero log, beam
madre *f.* mother
madreselva honeysuckle

madrugada early morning, dawn
madrugador early riser
maestro Master (Jesus); teacher
mágico(a) magic
magnífico(a) magnificent,
wonderful
mago(a) magician
maíz *m.* corn
majar to pound, to crush
mal badly, improperly
maldito(a) cursed, damned
maleta suitcase, valise
maleza underbrush
malgastar to waste
malo(a) bad
malva mauve
maña skill, dexterity; bad habit
mañana *f.* morning
mandado errand
mandar to command, to send,
to give orders
manejar to handle, to manage
manejo management, handling
manga sleeve
manguera (water) hose
manifestar to manifest, to show,
to express
mano *f.* hand
manoseado(a) touched or handled
(by hands)
mañoso(a) skillful, artful, cunning, tricky
mantel *m.* tablecloth
mantener to maintain; ~ **se** to
keep oneself, to support oneself
mantial *m.* variation of **manantial**
spring (of water)
manzana apple
mapaná bush master or
fer-de-lance (very poisonous snake)
máquina machine, sewing
machine
maquinilla small machine
mar *m.* sea

maravilla wonder, marvel
maravilloso(a) marvelous
marca brand, kind
marcado(a) stressed, marked, pronounced
marcar to mark
marcha march, walk
marchar to walk, to proceed, to come along; ~ **se** to go away, to depart
marchito(a) withered, faded, languid, weak
marido husband
marino sailor
mariposa butterfly
marqués marquis
marras long ago; **de** ~ well-known, well remembered
martillar to hammer
martillo hammer
mas but
más more, again; ~ **allá de** farther than, beyond; ~ **bien** rather
matador(a) killer
matar to kill, ~ **se** to wear oneself out
matrimonio marriage, matrimony
mayor larger, bigger, older, greater
mayordomo administrator (of an estate), foreman
mecánica mechanics
mecanógrafo(a) typist
medio half; middle, center; means
meditativo(a) meditative, pensive
mejilla cheek
mejor better, **el** ~ best
melifluo(a) mellifluous, sweet tongued
melopea monotonous singing; drunkenness
memoria memory
mencionar to mention

mendigante *m. f.* beggar
mendigo(a) beggar
menor smaller, littler, younger; **el** ~ the least, the youngest
menos less, least; **por lo** ~ at least
mentar to name, mention
mente *f.* mind
mentón *m.* chin
menudo(a) unimportant; **a** ~ frequently, often
mercado market
merendar to have a snack
merienda snack
mes *m.* month
mesa table; ~ **de trabajo** work table
mesada monthly payment
mesarse to tear one's hair
mesón *m.* inn
meter to introduce, to put into, to go inside; ~ **se** to get into, to become involved in
método method
metro meter
mezclado(a) mixed
miedo fear
miel *f.* honey
miembro limb (anat.)
mientras while
mil thousand
milagro miracle
militar military
mimado(a) spoiled, pampered
minuciosamente thoroughly, meticulously
minúsculo(a) tiny, minute
minuto minute
mío mine, my
mirada look, attention
mirar to look at
mirarse to look at oneself; to look at each other
mis my

misa mayor High Mass
misionero(a) missionary
mismito(a) the very same one
mismo(a) the same, himself, herself
mitad *f.* middle, half
mitigar to mitigate, to alleviate
mocetón *m.* strapping lad
mochila knapsack
modelo model
modesto(a) modest
modificación *f.* modification
modo manner, way
mohoso(a) mildewy, moldy
mojado(a) wet
mojarse to wet oneself
molestar to bother
molesto(a) bothersome
momento moment
monada cute little thing
moneda coin
mono monkey
mono(a) cute
monotonía monotony
montado(a) mounted
montaña mountain
montar to mount, to ride
monte *m.* mount, mountain; woods, woodland
montón *m.* heap, pile
montura harness, saddle
monumento monument
morado(a) purple
morar to dwell
mordedura bite
morder to bite
moreno(a) dark, brunet, black
morir to die
moro(a) Moorish
morral *m.* knapsack, feed bag
mostrador *m.* counter
mostrar to show
mota mote, speck; fluff enclosing cotton seeds

mover to move
moverse to move oneself
movimiento movement
muchacha girl
muchachito little boy
muchacho boy, youngster
mucho(a) much
muchos(as) many
mudo(a) mute
mueble *m.* furniture
muela molar (tooth)
muerte *f.* death
muerto(a) dead; (*past. p.* of **morír**) died
mugir to moo, to bellow
mujer *f.* woman, wife
mulo mule
multitud *f.* multitude
mundo world
muñeca wrist
municipio municipality
murmurar to murmur, to whisper
muro wall, rampart
músculo muscle
música music
musitar to mumble
muy very

N

nacer to be born
nada nothing
nadie no one, nobody
naranjo orange tree
nariz *f.* nose
narración *f.* narration
narrar to narrate
naturaleza nature
navaja razor (shaver)
navegante *m.f.* navigator, sailor
necesario(a) necessary, needed
necesidad *f.* need
necesitar to need, to require
necio(a) foolish, stupid

negociado   department (in a department administration)
negocio   business
negro(a)   black, dark-skinned
ni   neither; either; ~ . . . ~ neither . . . nor
ni siquiera   not even
nieto   grandson
ninguno   nobody; none, not one
niño(a)   kid, child
noche *f.*   night
nombrar   to call one's name; to name
nombre *m.*   name
normalidad *f.*   normalcy
norte *m.*   north
notable   distinguished
notar   to notice
noticia   news
novela   novel
noveluca   (derogatory) a cheap novel; worthless novel
novia   fiancée
novio   fiancé
nube *f.*   cloud
nuca   nape (of neck)
nuestro(a)   our
nuevamente   again, anew
nuevo(a)   new; **de ~** again
número   number
numeroso(a)   numerous
nunca   never
nutrir   to feed, to nourish

O

oblicuo(a)   oblique
obligar   to oblige; **~ se** to force oneself
obra   deed, work
observar   to remark, to observe
obstáculo   obstacle
obstante   standing in the way; **no ~** notwithstanding, nevertheless

obstinación   obstinacy, stubbornness
ocasión *f.*   occasion; **de ~** provisional
ocasionar   to cause
ochenta   eighty
ocultar   to hide, to conceal
ocupación *f.*   occupation, task
ocupado(a)   busy
ocuparse (de)   to attend to; to be in charge of
ocurrir   to occur, to happen
odiado(a)   hated, disliked
odiar   to hate
odio   hatred
ofendido(a)   offended
ofensa   offense
ofrecer   to offer
oído   hearing, ear
oír   to hear
ojera   dark circle under the eye
ojo   eye
oler   to smell
olor *m.*   smell
olvidado   forgotten
olvidar   to forget
olvido   forgetfulness
ondular   to undulate
onoto   annatto tree
onza   ounce
operación   working, operation
operar   to operate
oportunidad *f.*   opportunity
oposición *f.*   opposition
opuesto(a)   opposite
orden *f.*   order, command; ~ *m.* order (e.g., word order)
ordenar   to order, command; to arrange
ordinario(a)   ordinary
oreja   ear
orgullo   pride

orilla bank (of a river)
orinalito small urinal
oro gold
osar to dare
oscurecer to get dark
oscuro(a) dark, obscure
otoño autumn
otro(a) other, another
ovación *f.* ovation
oxidado(a) rusty
oxigenado(a) bleached

P

paciencia patience
padre *m.* father
padrino godfather
pagar to pay
página page
pago village, region, estate; payment
pagochiquense *m. f.* belonging to **Pago Chico**
paja straw
pájaro bird
pala shovel
palabra word
paladear to savor, to taste
palangana washbowl
palenque *m.* fence
pálido(a) pale
paliza beating
palmera palm tree
palmo span (8 inches)
palo stick
palpitar to beat, to palpitate
pan (de jabón) bar (of soap)
pan *m.* bread
pantalones trousers
pañuelo handkerchief
papel *m.* paper
para for, in order to; ¿ ~ **qué?** what for?
para nada at all

paradoja paradox
paralelo parallel
parálisis *f.* paralysis
paralítico(a) paralytic
paralizarse to become paralyzed
parapetarse to protect oneself
parar to put upright; to stop; ~ **se** to stop (oneself)
parecer to seem; ~ **se a** to look like
pared *f.* wall
paredón *m.* large thick wall
pariente *m.f.* relative
parpadear to blink, to wink
parpadeo *m.* blinking, winking
párpado eyelid
parroquiano(a) customer
parte *f.* part, share
partida departure
partir to leave, to depart
pasado(a) past, gone by
pasador *m.* door or window bolt
pasaje *m.* passage, journey
pasar to pass, to spend time; to happen
pase come in (*imp.* of **pasar**)
pasear to go for a walk
pasillo passage, corrídor
pasión *f.* passion
paso step, passage; **abrir** ~ to make way
pasta paste
pastilla tablet
pasto grass
patio yard, patio
patrón (ona) owner, boss
pausa pause
pavor *m.* terror, fear, fright
paz *f.* peace
pecador(a) sinner
pecho chest
pechos breasts
pedalear to pedal
pedazo a piece

pedir to ask for
pedrería jewelry, precious stone collection
pegar to hit, to strike; ~ **un tiro** to shoot
peinar to comb
peldaño step (of a staircase)
peligro danger
pellejo skin, hide
pelo hair
pelota ball
peltre *m.* pewter, spelter
pena pain, grief, suffering
pendiente *m.* pendant, earring
penetrante penetrating
penetrar to penetrate
pensamiento thought
pensar to think
pensativo(a) thoughtful, pensive
peón *m.* laborer, worker
peor worse
pequeño(a) small, little; small child
percibir to perceive, to sense
perder to waste, to lose; ~ **de vista** to lose sight of
perdido(a) lost
perdón *m.* pardon, forgiveness
perdonar to pardon, to forgive
peregrino(a) pilgrim
perendengue *m.* cheap jewelry
perentoriamente pressingly, peremptorily
pereza lazines, slowness
periódico newspaper
periodista *m. f.* reporter, journalist
período period
permanecer to stay, to remain
permiso permission
permitir to allow
pero but
perplejo(a) perplexing, confusing
perro dog
persecución *f.* persecution

perseguir to chase, to run after, to pursue; to persecute
persona *f.* person
personaje *m.* character
personal *m.* personnel
personalidad *f.* personality
personas people, persons
perspicaz keen sighted, perspicacious
perturbar to upset, to perturb
pesadilla nightmare
pesado(a) heavy
pesar *m.* grief, sorrow; **a ~ de** in spite of
pescador *m.* fisherman
peseta basic monetary unit of Spain
peso weight
pestaña eyelash
petate straw sleeping mat
pez *m.* fish (alive)
picadillo minced meat
pícaro(a) roguish, crooked
pico pickax
pie *m.* foot
piedra stone, rock
piedrecita little stone
piel *f.* skin
pierna (human) leg
pieza piece (of jewelry, furniture, etc.); room
pijama pajamas
pila pile
pino pine
pintado(a) painted
pintar to paint; ~ **se** to put paint on oneself
pinzas tweezers, pliers
pirata *m.* pirate
pisar to step on
piso surface, floor
pista track, trail (footprints of an animal)
pitar to whistle

placentero agreeable, pleasant
placer pleasure, joy
plácidamente placidly
plan *m.* plan
plancha iron (for ironing clothes)
planilla payroll
planta plant
plata silver; money
plataforma platform
plátano banana, plantain
plateado(a) silvery
plaza plaza, town square
plebeyo(a) plebeian
plebeyote *m.* (*aug.* of **plebeyo**)
plebeian
pleno full, complete; **en ~** in the
middle of
pliegue *m.* crease, fold
plomo bullet, lead
pluma feather
poblar to inhabit
pobre poor, the poor thing
poco little; **~ a ~** little by little;
pocos a few
poder to be able to, can; **~** *m.*
power
poderoso powerful
podrido(a) rotten
poemita little poem, short poem
poesía poetry
poeta *m.* poet
poetisa poetess
policía *m.* policeman
político political; politician
pólvora gun powder
polvoriento dusty
pomo little bottle, flagon
(for perfume, etc.)
poncho poncho, cloak
poner to put; **~ se** to put on, to
become; **~ se a +** *inf.* to start to
to begin to **~ se de pie** to stand up
poner término a to put an end to
ponerse (el sol) to set

por by, for
porcelana porcelain
porche *m.* porch
porción *f.* portion
poroso(a) porous
porque because
portal *m.* porch, stoop, doorway
portero doorkeeper
postizo(a) false; detachable
postrado(a) weakened
postulado *m.* postulate
precaución *f.* precaution
preceder to precede
precipitación *f.* precipitation,
haste
preciso(a) necessary, exact,
precise
predicar to preach
preferir to prefer
preguntar to ask
prenda garment, article of
clothing
preocupación *f.* worry
preparar to prepare
presa prey, catch
presencia presence
presente *m.* present (tirne)
presentir to have a
presentiment of
presión *f.* pressure
preso(a) prisoner
prestigio prestige
pretender to pretend, to try to get,
to seek
pretensión *f.* claim, aspiration
pretexto pretext
previsto foreseen
primero(a) first
primo(a) cousin
principal main; **~** *m.* first floor
(in Spain)
príncipe *m.* prince
principio beginning
prisa haste, hurry

prisión *f.* prison
probado(a) proved, demonstrated
probar to try, to taste,
to prove
procurar to try
proferir to say, to utter
profundamente deeply,
profoundly
profundo(a) profound, deep; dark
(color)
progreso progress
pronto quick, fast; soon; **de ~**
suddenly
pronunciar pronounce
propicio(a) favorable, propitious
propiedad *f.* property
propinar to give (a blow)
propio own, characteristic
proporción *f.* proportion
proseguir to continue
protector(a) *m.* protector
proteger to protect
protegido(a) protected
proyectarse to fall (a shadow),
to be cast
proyecto project
prudencia prudence, wisdom
prudente prudent, wise
prueba trial, test
público public; audience
pueblecito little village
pueblo town, village
puente *m.* bridge
puerta door
pues since, because, for, then,
well, as
pulir to polish
pulpería general store
pulpero grocer, storekeeper
pulular to abound, to swarm
puma *m.* puma, mountain lion
puñado handful
puñal *m.* dagger

puñalada a stab with a dagger
or knife
puño fist
punta tip (of something)
punto point, dot; **a ~ de** about to

Q

que but; that; who; **lo ~** what, that
which, whatever
quedar to remain, stay; **~ se**
to be; to remain, to stay
quedito very softly (low voice)
quehacer *m.* chore, task
queja complaint
quejarse to complain
quejumbroso(a) plaintive,
whining, grumbling
quemado(a) burned
quemar to burn
querer to want, to love
querido(a) dear
quien who
quinto(a) fifth
quitar to take away, remove
quitarse to take off (e.g., clothing)
quizá maybe

R

rabo tail
raído(a) frayed, worn out
rama branch
ramo bouquet, bunch (of flowers),
cluster
rancho thatched hut
rápidamente rapidly, fast
raptar to abduct
rapto abduction
raro strange
rasgo feature
rasgueo strumming
rastro trail, track

rata *f.* rat

rato while, short time

ratón *m.* mouse

raya line, stripe; **a rayas** striped

rayar to line, to scratch

rayo ray, thunderbolt, flash of lightning

razón *f.* reason, argument

reaccionar to react

realidad *f.* reality; **en ~** in fact, truly

realizar to carry out

realmente truly, really

reaparecer to reappear

reaparición *f.* reappearance, comeback

rebato alarm, commotion

rebelde rebellious, unruly

rebenque *m.* whip

receloso(a) suspicious, mistrustful

rechazar to repel, to repulse

recibido(a) received

recibir to receive

recién recently, newly

recital *m.* recital

recitar to recite

reclamar to claim

recluido(a) confined, secluded

recobrar to recover, to regain, to retrieve

recoger to pick up, to gather

recogido(a) picked up, collected

recolector collector

recomendar to recommend

reconocer to acknowledge, to admit

reconocer to recognize

recordar to remember

recorrer to travel around, traverse

recorrido trip, journey

recuerdo memory, recollection

recular to go backwards

recuperar to recuperate

recurrir to resort to, to appeal to

red *f.* net

redimir to redeem

redondo round; **caer ~** to fall flat on one's face

redondo(a) round, roundish

reducidísimo(a) very reduced

reducirse (a) to boil down to

refleccionar (reflexionar) to reflect, to meditate

reflejar to reflect

reforzar to reinforce, to strengthen

refugiarse to take refuge

refunfuñar to grumble, to mutter angrily

regado(a) watered

regalar to give, to present, to treat

regalo gift

regar to water

región *f.* region

regla rule, principle

reglamentario prescribed by rules or bylaws

regresar to return, to come back

regreso return

regular so so, regular, moderate, indeed

rehacerse to pull oneself together

reino kingdom

reír to laugh; **~ se** to laugh

reiterar to reiterate, to repeat

reivindicado(a) recovered

relampaguear to flash with lightning

remilgoso(a) fastidious, finicky

remirar to look again, to look intensely

removido(a) stirred, disturbed

rencor *m.* animosity, grudge, rancor, ill will

rendija slit, crevice, crack

reñir to fight, to quarrel

reparar   to notice, to perceive
repartir   to distribute
repaso   review, inspection
repentino(a)   sudden
repetido(a)   repeated
repetir   to repeat
replicar   to reply, to answer
reponer   to reply, to retort
reportar   to attain; to bring
representar   to represent
reprimir   to repress
repulsivo(a)   repulsive
requerir   to require, to need
requisito   requirement
reseña   sketch, brief description
reservado(a)   reserved
resistencia   resistance, opposition
resistente   resistant
resistir   to resist
resolver   to resolve, to decide
resonar   to resound
resorte *m.*   spring
respaldo   back (of a seat)
respeto   respect
respiración *f.*   respiration
respirar   to breathe; **el ~**
respiration, breathing
resplandecer   to shine, to gleam
resplandor *m.*   brilliance, glare
responder   to respond
respuesta   answer
restañar   to stop the flow of
restirada   very stretched out
resto   rest, remainder
retener   to retain
reticente   vague in speech,
knowingly hesitant
retirar   to withdraw
retornar   to return, go back
retroceder   to go back, to draw
back, to retrocede
reventar   to burst, explode
revolcarse   to roll about

revolotear   to flutter around
revoltoso(a)   rebellious; agitator,
troublemaker
revólver *m.*   revolver, gun
rey *m.*   king
rezar   to pray
rezongón(ona) *coll.*   grouchy,
griper
ribazo   mound, bank,
slope
riego   irrigation, watering
rígidamente   rigidly
rígido   rigid, stiff
rigor   rigor, severity
riña   fight, dispute
rincón *m.*   corner
riñón *m.*   kidney
río   river
riqueza   wealth, riches
risa   laughter
risotada   boisterous laughter
risueño   pleasant, cheerful
rito   rite
roble *m.*   oak
rocío   dew
rocoso(a)   rocky, stony
rodar   to roll, to rotate
rodear   to surround
rodearse   to surround oneself
rodilla   knee
rojo(a)   red
romper   to break
ronco(a)   hoarse
ropa   clothes
rosa   rose
rosario   rosary
rosquilla   ring-shaped pastry
rostro   face
rozar   to touch lightly
rubio(a)   blond
ruborizar   to blush
rudo(a)   rough, unpolished
rugir   to roar

ruido noise
ruina downfall, decline; ruin
rumbo course, direction
rumorear to spread rumors, to rumor
rural rural
rústico(a) roughly made, rustic
ruta route

S

sábado Saturday
sábana bed sheet
saber to know
saber a to taste of
sabido(a) known
sabiduría knowledge, wisdom
sabiendas a ~ knowingly
sabroso(a) delicious
sacar to take out, to pull out; to strip off, to tear
saciarse to become satiated
saco bag, sack
sacudir to shake
sadista sadist
sal *f.* salt
sala living room
salamandra salamander
salida coming out, leaving, exit
salir to come out, to go out, to get out, to leave
salita de espera small waiting room
salón *m.* reception room
salpicadura splashing, spatter
saltar to jump, to leap
salud *f.* health
saludar to greet
saludo greeting
salvador(a) savior, saver
salvaje savage
salvar to save; ~ **se** to save oneself
salvo except

sangrar to bleed
sangre *f.* blood
santo(a) saint
sapo toad
sarcástico(a) sarcastic
satisfecho(a) satisfied, content
sebo fat, grease
secarse to dry oneself
seco(a) dry
secreto(a) secret
sed *f.* thirst
seguir to continue, to follow
según according to
segundo(a) second
seguro(a) safe, sure
selva jungle, forest
semana week
semblante *m.* countenance, face; look
sembrado(a) sewn land, cultivated field
semicerrado(a) half-closed
seña sign, mark
señal *f.* sign, signal
senda path, trail
sendero path, trail
sendos(as) each, one each
señor *m.* sir, mister, master, lord
señorito young gentleman, master (used in Spain)
sentado seated
sentar to seat; ~ **se** to sit down
sentenciar to pass judgment on
sentido sense
sentimiento feeling, sentiment
sentir to feel; to regret; to sense
separado(a) separated
separarse to separate oneself
sepulcro sepulcher
sequía drought
ser to be; ~ *m.* being
serenarse to calm down
serenata serenade

seriedad *f.* seriousness, gravity
serpiente *f.* serpent
serrucho saw (carpenter's)
servir to serve; ~ **se de** to use, to make use of
seto hedge
si if
sí yes
siempre always
siesta siesta, afternoon nap or rest
siete seven
siglo century, age, era
significar to signify, to mean
sílaba syllable
silencio silence
silencioso(a) silent, quiet
silla chair
sillita small chair
sillón *m.* armchair, easy chair
silueta silhouette
silvestre wild, uncultivated
simbolista *adj.* symbolist
símbolo symbol
sin without
sin embargo however, notwithstanding
siniestro sinister, evil, wicked
sinnúmero endless succesion
sino but
sinuosidad *f.* sinuosity; hollowness
siquiera even
sistema *m.* system
sitio place
situación *f.* situation, state
situarse to take one's stand; to situate oneself
sobre on, on top of, above, over;~ **todo** above all
sobresueldo extra pay
sobrevivir to survive
sobrino nephew
sociedad society
socorro help

soez crude, vulgar
sofocado(a) suffocated
sol *m.* sun
solamente only
soldadillo a young soldier
soldado soldier
soledad *f.* solitude, loneliness
soler to be in the habit of, to be accustomed to
solo(a) one, single, alone
sólo only
soltar to let go, to let out (a cry, sigh, etc.)
soltero(a) single, bachelor
sombra shade, shadow
sombrero hat
sombrío(a) somber
soñador(a) dreamy, dreaming; dreamer
sonar to sound
soñoliento(a) somnolent, drowsy
sonreír to smile
sonrisa smile
soplar to blow
soportar to bear, to put up with
sorbo sip
sórdido(a) sordid
sordo(a) deaf
sorpresa surprise
sospechar to suspect
sostener to hold up, to sustain
sostenido(a) sustained, supported
su its, his, her, your, their
suavemente gently, softly
subalterno(a) subordinate
subir climb up, go up; to increase
subterráneo(a) underground
suceder to occur, to happen
suceso event, happening
sucio(a) dirty
sudor *m.* sweat, perspiration
sudoroso(a) sweaty, perspiring
sueco(a) Swedish

suegro father-in-law
suelo ground, floor
suelto(a) loose
sueño sleep, dream
suerte *f.* luck; sort, kind
suficiente enough
sufrido(a) patient, suffering
sufrimiento suffering
sufrir to suffer
suicida suicidal
sujetar to bring or put under control
sujeto individual, person
sumar to add
sumergido(a) submerged
sumergirse submerge oneself
supersticioso(a) superstitious
suplicar to implore
sur *m.* south
suscitar to cause, to provoke
suspiro sigh, breath
sutil subtle, cunning, complex
suyo(a) its, his, her, your, their

T

tabaco tobacco
tabla board, plank
tablero metal sheet
tabú taboo
taciturno(a) taciturn, reserved
tal such; ~ **vez** maybe
talento talent
tallar *coll.* to beat
talmente thus, in this manner
talón *m.* heel
tamaño size
tamarindo tamarind (tropical tree)
también too, also
tampoco neither, either
tan so, as
tan ... como as ... as
tantear to examine, to test, to scrutinize

tanto so much; **en** ~ **que** while
tantos(as) so many
tapia mud wall, adobe wall
tardar to take a long time, to be late
tarde late; **más** ~ later
tarde *f.* afternoon
tarea task, job
tarro jar, tin can, pot
tartamudear to stutter
taza cup; toilet bowl
teatro theater
techo roof
tejado roof
tela cloth, fabric
telaraña cobweb
temblar to tremble
tembloroso(a) trembling, shaking
temer to fear, to be afraid of
temor fear
temprano early
tender to floor; to stretch out, to extend (one's hand); ~ **se** to lie down
ténder *m.* tender (railway)
tendido(a) lying down
tenebroso(a) dark, gloomy, tenebrous
tener to have; ~ **en cuenta** to bear in mind; ~**que** to have to
tenida meeting
teniente *m.* lieutenant
tercero third
tercio pack (each of two carried by beasts of burden)
terciopelo velvet
terco(a) stubborn
terminado(a) finished, over
terminar finish, end up
terno curse
ternura tenderness
terreno a plot of land, ground, soil, field
terrible terrible

territorio   land, territory
terror *m.*   terror
tesoro   treasure
testigo   witness
tibio(a)   lukewarm, tepid
tiempo   time
tiempos   times, days
tienda   shop, store
tierno(a)   tender
tierra   land, soil; world
tigre *m.*   tiger
tío   uncle
tirar   to throw; ~ **se** to throw
oneself down
tiro   shot
título   title; degree, honor, diploma
toalla   towel
tobillo   ankle
tocar   to touch, to feel, to come in
contact
todavía   still, even
toditos(as)   every one of them
todo   each, every; all
todos(as)   everybody, everyone
toldo   awning, canopy
tomar   to drink liquor, to take
tono   tone
tontería   foolishness
tormento   torment, torture, anguish
torno   bend, turn; **en ~ a** about, in
connection with, regarding
toro   bull
torpeza   clumsiness, awkwardness
torre *f.*   tower
tortura   torture
tos *f.*   cough
tosco   coarse, unrefined
totalmente   totally, completely
trabajar   to work
trabajo   work
trabarse   to become locked
(in a fight)
tradición *f.*   tradition
traer   to bring; to cause

tragar   to swallow
tragedia   tragedy
traje *m.*   dress, suit
trajín *m.*   chore, work
trama   plot
tranca   club, pole
tranquilidad *f.*   tranquility,
calmness
tranquilizar   to calm, quiet down
tranquilo   tranquil, calm
transcurrir   to pass, to elapse
transido(a)   torn (with pain)
transportar   to transport, carry
trapo   rag
traquear   to rattle
tras   after, behind; ~ **de** behind
tratar   to try, to attempt;
to treat; ~ **se de** to be a question of
través   slant; **a ~ de** through,
across
trecho   stretch, distance
treinta   thirty
trémulo(a)   tremulous, shaking,
trembling
tren *m.*   traín
trepar   to climb
tres   three
tribu *f.*   tribe
triste   sad
triunfo   triumph
tropezar con   to stumble against,
to trip over
trote *m.*   trot
trotecito   a little trot; **al ~** very
quickly
trozo   piece, fragment, extract
truco   billiards
tubito   little tube, little pipe
tucán *m.*   toucan
tuerto   one-eyed
tule   tule (a kind of reed or
bulrush)
tumba   tomb, grave
tumbar   to knock down

túnel *m.* tunnel
túnica robe, gown; tunic
tutelar protective, tutelary

U

último(a) last
umbral threshold
uña fingernail
únicamente only
único(a) only, unique
uno(a) one, a person; oneself
unos(as) some
urgente urgent
uso use, usage

V

vacante nonexistent; vacant,
unoccupied
vaciar to empty
vacilante hesitant
vacío(a) empty; ~ *m.* emptiness
vagar to wander, to roam
vagón-tranvía *m.* electric train car
vaina (*slang*) nuisance, problem,
bother, thing
valiente courageous, brave
valor *m.* courage; value
¡Vamos! Let's go!
vano(a) vain
vara Spanish linear measure
(.84 meter)
varios(as) several
varón *m.* human male
vaticinar to predict
veces *f.* times, a ~ sometimes,
occasionally
vecindario neighborhood
vecino neighbor
vedar to obstruct, to forbid
vegetal *m.* vegetable
veinte twenty
veintitrés twenty-three

vejete *m.* comic or ridiculous old
man
vejez *f.* old age
vela candle
velar to hold a wake (over a dead
person); to stay awake
vello down (soft hair on human
body)
veloz fast, quick
vencido overcome, defeated
vendedor(a) seller
vender to sell
venganza revenge
vengativo(a) vengeful, vindictive
venida coming, arrival
venir to come
ventaja advantage
ventana window
ventanal *m.* large window
ventanilla small window
ventanillo peephole, small
window
venturoso(a) successful, lucky
ver to see; ~ **se** to see oneself,
to find oneself
verdad *f.* truth
verdadero true, real
verde green
verdugo executioner
vergüenza shame
verídico(a) true, truthful
verso verse, line
vestir to dress
vestirse to wear, to dress oneself
vez *f.* time; **a la** ~ at the same
time; **a su** ~ in turn; **otra** ~
once again; **en** ~ **de** instead of
viajar to travel
viaje *m.* trip, voyage
viajero(a) traveler
vibrar to vibrate
víctima *m. f.* victim
victoria victory
vida life

vidriera   show window, showcase
viejo   old; old man
viento   wind
vientre *m.*   abdomen, belly
vigilancia   watchfulness
vigilante *m.*   officer, policeman
vigilar   to watch
villano(a)   peasant villager, villain
vino   wine
violador   rapist
violar   to violate
violencia   violence
violentamente   violently
violeta   violet
virginidad *f.*   virginity
virtuoso(a)   virtuoso; virtuous
visitante   visitor, guest
vislumbrar   to see vaguely,
to catch a glimpse of
vista   sight
visto(a)   seen
viuda   widow
vivaquear   to camp, to bivouac
vivir   to live
vivo(a)   living, alive, bright, vivid,
expressive
vocerío   uproar, din
volar   to fly

volcar(se)   to turn over
voluntad   will
volver   to return, to turn; ~ **a** + *inf.*
to do something again; ~ **se** to turn,
to become
vomitar   to vomit
voz *f.*   voice
vuelta   turn, **dar** ~ to turn,
to turn around

Υ

Ya   already; ~ **no** + *verb* no longer
yerba   grass, hay; mate
(Paraguayan tea)
yeso   plaster
yunque *m.*   anvil

Z

zafio   uncouth, rough
zamacuco (*coll.*)   crafty person,
artful dodger
zapatilla   slipper
zapato   shoe
zorro   fox
zozobra   worry, anxiety; dangerous
weather at sea
zurdo   left-handed